O FEDERALISMO NUMA VISÃO TRIDIMENSIONAL DO DIREITO

R452f   Reverbel, Carlos Eduardo Dieder.
        O federalismo numa visão tridimensional do direito / Carlos Eduardo Dieder Reverbel. – Porto Alegre: Livraria do Advogado Editora, 2012.
        141 p.; 23 cm.
        Inclui bibliografia.
        ISBN 978-85-7348-776-3

        1. Federalismo. 2. Federalismo - Brasil. 3. Direito constitucional. 4. Direito público. 5. Poder - Organização. 6. Realidade social. I. Título.

                                        CDU 342.24
                                        CDD 341.224

        Índice para catálogo sistemático:
        1. Federalismo   342.24

        (Bibliotecária responsável: Sabrina Leal Araujo – CRB 10/1507)

Carlos Eduardo Dieder Reverbel

O FEDERALISMO NUMA VISÃO TRIDIMENSIONAL DO DIREITO

livraria
DO ADVOGADO
editora

Porto Alegre, 2012

© Carlos Eduardo Dieder Reverbel, 2012

Capa, projeto gráfico e diagramação
Livraria do Advogado Editora

Revisão
Rosane Marques Borba

Direitos desta edição reservados por
Livraria do Advogado Editora Ltda.
Rua Riachuelo, 1338
90010-273 Porto Alegre RS
Fone/fax: 0800-51-7522
editora@livrariadoadvogado.com.br
www.doadvogado.com.br

Impresso no Brasil / Printed in Brazil

*Dedico este trabalho à memória de meu padrasto,
Julio Hipólito Bento Forster.*

Agradecimentos

Todo trabalho, por mais singelo e despretensioso que seja, exige seriedade, dedicação, vocação e amor. O presente não poderia ser diferente. Agradeço, portanto, de coração, a todos os que me incentivaram – do início ao fim –, mormente nos momentos mais difíceis, a realizar esta árdua tarefa. Mas em especial:

Aos meus familiares, que sempre me apoiaram: Pai, Mãe e irmãos;

Aos meus melhores amigos: Marcelo Schenk Duque, Marcos Niekrascewicz e, em especial, à Anelise Domingues Schuler, que participou, ativamente, na correção do texto;

Ao professor Cezar Saldanha Souza Junior, pela sincera amizade de quem foi não apenas um orientador, mas um educador, despertando em mim a vocação e o amor ao ensino;

Ao professor Manoel Gonçalves Ferreira Filho, mestre de todos nós;

Ao professor Raúl Enrique Rojo, com quem aprendo, constantemente, a importância da sociologia do Direito;

Ao professor José Levi Mello do Amaral Junior, pelo interesse que despertou em mim pelo estudo do Direito Constitucional;

Ao Phoenix Institute, na pessoa do Dr. John X. Evans, pelo acesso permitido à biblioteca da Notre Dame University;

Por fim, a todos os meus alunos da UFRGS, da Instituição Educacional São Judas Tadeu, do Centro Universitário Ritter dos Reis e do IDC (Instituto de Desenvolvimento Cultural), verdadeiros incentivadores do progresso acadêmico de um jovem professor.

Tivemos União antes de ter Estados, tivemos o todo antes das partes, a reunião das coisas reunidas.

Rui Barbosa

Foi-se vendo pouco a pouco – e até hoje o vemos ainda com surpresa, por vezes – que o Brasil se formara ás avessas, começara pelo fim. Tivera Coroa antes de ter Povo. Tivera parlamentarismo antes de ter eleições. Tivera escolas superiores antes de ter alfabetismo. Tivera bancos antes de ter economias. Tivera salões artes sem ter educação popular. Tivera artistas antes de ter arte. Tivera conceito exterior antes de ter consciência interna. Fizera empréstimos antes de ter riqueza consolidada. Aspirara a potência mundial antes de ter a paz e a força interior. Começara em quase tudo pelo fim. Fora uma obra de inversão, produto, como vemos, de um longo oficialismo. Esse oficialismo garantira-lhe a unidade geográfica, a unidade religiosa, a unidade linguística e em parte a unidade étnica, condições todas fundamentais para a unidade nacional.

(Política e Letras, in: *A Margem da História da República*, de Vicente Licínio CARDOSO, 2. ed. Brasília: Editora da UnB, 1981, Tomo II, p. 51)

Todos sabemos bem que as agitações que têm havido entre nós (...) procedem de havermos antecipado a nossa organização política, à social.

Senador Nicolau de Campos Vergueiro

As desgraças do país vieram de terem as reformas políticas precedido as reformas sociais.

Bernardo Pereira de Vasconcelos

Prefácio

Um dos fatos que mais me trazem satisfação é o contacto que vim a ter com estudiosos gaúchos. Realmente, primeiro, foi o caso do Prof. Cezar Saldanha Souza Junior, que tive como aluno no pós-graduação da Faculdade de Direito da USP, cuja brilhante carreira o ergueu até a titularidade na Faculdade da UFRGS. Por intermédio dele, numerosos discípulos vieram até a mim, discípulos estes que pertencem à nata da intelectualidade do Rio Grande do Sul. São, com efeito, pessoas de caráter franco e leal, juristas de sólida formação, de talento ágil e grande capacidade de trabalho. E tão prazeroso tem sido para mim esse contacto que ouso dizer que, se não fosse paulista, gostaria de ser gaúcho.

Entre esses estudiosos está exatamente o dr. Carlos Eduardo Dieder Reverbel. Não tive a honra de tê-lo entre meus alunos, o que lamento, mas pude, em frequentes oportunidades, admirar a qualidade de seus trabalhos, a profundidade de sua cultura, o brilho de sua inteligência. Aproveito a publicação de seu trabalho *O federalismo numa visão tridimensional do Direito* para exprimir a apreciação que não havia podido manifestar anteriormente.

A leitura desse trabalho reforçou o juízo anteriormente formado. Trata-se de um estudo abrangente, pois examina o Federalismo enquanto realidade social, enquanto ideal de organização do Poder e enquanto instituição jurídico-constitucional. A respeito de todos esses temas – complexos, delicados, difíceis –, ele não somente se apoia nos autores mais significativos, sejam modernos, sejam mais antigos, assim como desenvolve considerações originais. Estas são sempre precisas, seguras, bem estruturadas. Enfim, na conclusão, não se limita a resumir as agudas observações que fez, mas formula questionamentos de alta relevância e atualidade, como "o federalismo no Brasil de hoje", apontado como "o nome sem a realidade".

Ademais, o estudo é bem escrito, em bom português e bom estilo, de modo que é agradável de ler e estudar.

Tenho a certeza de que todos os que se interessam pelo direito público terão, como tive, grande proveito em lê-lo, bem como em meditar sobre suas colocações instigantes.

Manoel Gonçalves Ferreira Filho
Professor titular (aposentado) de Direito Constitucional da
Faculdade de Direito da Universidade de São Paulo.
Professor Emérito da mesma Faculdade.

Sumário

Introdução...15
   1. Objeto material e objeto formal deste trabalho..................15
   2. A tridimensionalidade do federalismo............................16
   3. As tipificações atribuídas ao federalismo......................17
      3.1. Federalismo simétrico e federalismo assimétrico.............18
      3.2. Federalismo cooperativo e federalismo competitivo...........18
      3.3. Federalismo centrípeto e federalismo centrífugo.............19
      3.4. Federalismo por agregação e federalismo por segregação......20
   4. A confusão dos conceitos: federalismo e federação...............21
   5. Importância e finalidade..22
   6. Plano da exposição..25

Primeira Parte – O federalismo enquanto realidade social...........27
   7. A pessoa humana: substância individual de natureza racional.....27
   8. A natureza associativa do humano: a perfeição do ajustamento político como pressuposto de uma ordem política federativa....................34
   9. As dimensões do existir humano: articulações necessárias para um *modus vivendi* pacífico..41
   10. O bem comum: finalidade do Estado à concórdia política e o sentido da organização associativa do humano...................................45
   11. As reminiscências do nominalismo e o federalismo socionatural: as contribuições de Althusius e Proudhon............................50

Segunda Parte – O federalismo enquanto ideal de organização do poder.....57
   12. A República Federativa: solução de Montesquieu à grandeza da Monarquia e à pequeneza da República..57
   13. O federalismo natural de Althusius e o federalismo racionalizado de Montesquieu...64
   14. Governos federativos: a solução de Rousseau à reforma política do Governo da Polônia..67
   15. Benjamin Constant: um novo gênero de federalismo..............72
   16. O sentimento de uma época.....................................75

Terceira Parte – O federalismo enquanto instituição jurídico-constitucional.....81
   Seção 1ª – O FEDERALISMO DE COMPETIÇÃO...........................81
   17. Confederação norte-americana: o primeiro passo da institucionalização do federalismo..81

18. Os pais fundadores do federalismo moderno e o espírito das leis de Monstesquieu..85
19. O excepcionalismo norte-americano..91
20. Federalismo competitivo dual..95
Seção 2ª – O FEDERALISMO DE COOPERAÇÃO.......................................100
21. O Federalismo do II Reich: a ordem federal de raiz monárquica......................100
22. O Federalismo da República de Weimar: a ordem federal nas bases do princípio democrático...106
23. O Federalismo da República de Bonn: a ordem federal nas bases do princípio social..111
24. O federalismo de níveis cooperativos..115

Conclusão...119
25. O federalismo na projeção fática: a natural sociabilidade do humano..................119
26. O papel da política no processo de articulação do bem comum na realidade fática do federalismo...120
27. O federalismo na projeção valorativa: o processo racional dos governos federativos...120
28. O federalismo na projeção normativa: a execução dos clássicos modelos do federalismo..121
29. Convergência dos valores: federalismo competitivo *versus* federalismo cooperativo..123
30. Pontos a serem repensados no tratamento futuro do federalismo....................124
    30.1. As verdadeiras origens do federalismo...124
    30.2. As terminologias possíveis às formas de Estado e a importância do princípio da subsidiariedade...125
    30.3. O governo municipal e o governo central: os pilares de sustentação das formas de Estado..126
    30.4. A realidade sem o nome: o federalismo no império de ontem..................127
    30.5. O nome sem a realidade: o federalismo no Brasil de hoje......................131

Referências..135

Introdução

1. Objeto material e objeto formal deste trabalho

Todo trabalho que pretenda ser científico possui, ao menos, um objeto *material* e um objeto *formal*. O primeiro representa um segmento da realidade objetiva que atrai a atenção do leitor. Preocupa-se, essencialmente, com a matéria objeto de análise. O segundo representa o ângulo, a perspectiva, a visão, a forma, o tratamento específico sob o qual examinamos a matéria. Neste sentido, um mesmo fenômeno pode ser analisado de diversas formas, tais como, pela perspectiva da história, da filosofia, da matemática, da antropologia, da teoria do estado, da teologia e, assim, sucessivamente. Vê-se, portanto, que somente o objeto material não faz ciência, não esgota o segmento da realidade objetiva, necessitando da forma específica pela qual a matéria proposta será tratada.

O **objeto material** específico, o segmento da realidade objetiva, a matéria que nos debruçamos no presente trabalho foi a do federalismo, substrato delineador específico do modo, da forma, da maneira, como se reparte o poder político dentro de determinado território.

O **objeto formal**, o ângulo específico, a visão, o tratamento dado à matéria foi o federalismo de uma perspectiva tridimensional do Direito. O federalismo pode ser visto dos fatos da realidade social, estes fatos recebem valores, que são categorizados em instituições. Assim, há um diálogo tridimensional do federalismo: fatos sociais (federalismo socionatural) recebem valores corretores (federalismo contratual), categorizados em instituições juspolíticas (federalismo normativo). As instituições clássicas e paradigmáticas do federalismo que nos serviram de base foram o federalismo alemão e o federalismo norte-americano.

Da interpenetração do **objeto formal** e do **objeto material** resulta o objeto em sua **plenitude**, que pode ser expresso na seguinte fórmula: o *federalismo* (objeto material) enxergado pela perspectiva *fática* (a natural sociabilidade do humano), recebeu *valores* (correção dos pressupostos fáticos sob a ótica de valores), sendo *institucionalizado* (nos dois modelos clássicos do federalismo: Alemanha e Estados Unidos).

O *substrato material* deste trabalho pela *perspectiva* que foi analisada valeu-se, quando necessário, de dados histórico-filosóficos e dos elementos da Teoria Geral do Estado e do Direito Constitucional, para melhor compreender as verdadeiras origens do federalismo.

2. A tridimensionalidade do federalismo

A tridimensionalidade do federalismo[1] é um fator importante para a forma de tratamento do fenômeno Estado. Não somente os aspectos sociais, mas ainda os político-institucionais têm muito a contribuir à teoria da federação. Assim, esboçamos uma análise do federalismo em três projeções: **fática** (aspectos sociais apreendidos pela experiência vivida), **valorativa** (atribuição de valor aos fatos, a verdadeira racionalidade, artificialidade, visando a corrigir e ajustar o curso das águas do fenômeno do federalismo) e **normativa** (os aspectos sociais, atualizados por valores concretos que se ajustam à realidade, recebem institucionalização e concreção pelos sistemas jurídicos federais).

Cada uma dessas projeções cumpre um papel essencial na Teoria Geral do Federalismo. A primeira delas, o federalismo enquanto **fato**, parte da realidade concreta da vida. Analisa a pessoa humana em sua primeira origem e nos seus últimos fins. Parte do consenso e do conflito, da natural sociabilidade e belicosidade da pessoa humana. O modo de articulação das pessoas, partindo da família, a associação primeira de qualquer comunidade busca uma forma de harmonização do indivíduo com a sociedade. O federalismo nesta projeção não somente explica essa sociabilidade humana, como busca encontrar formas de ajustes e contrapesos às divergências naturais do convívio social.

O federalismo enquanto **valor** deriva do federalismo enquanto fato. Apreende a realidade concreta da vida, utilizando-se de meios racionais e artificiais para arquitetar um arranjo político-jurídico que ajuste os fatos da vida. Assim, podemos dizer que o valor atribuído ao fato faz uma espécie de ajuste, perfeiçoamento da realidade federativa. Utiliza-se, neste ajuste, dos conhecimentos científicos adquiridos pela experiência, reafirmando suas dúvidas, encontrando mais certezas.

---

[1] A tridimensionalidade do Direito foi trabalhada por diversos autores, por todos, ver: REALE, Miguel. *Teoria Tridimensional do Direito*. São Paulo: Saraiva, 1994, *passim*.

O terceiro e último fenômeno a ser considerado é a projeção **normativa**. Trabalha o conteúdo valorativo dos fatos, dando uma perspectiva normativa. Institucionaliza, por assim dizer, o diálogo dos fatos-sociais que receberam a conformação de valores. A normatização como um terceiro momento das dimensões do federalismo permite um diálogo a partir de pontos concretos de um determinado ordenamento jurídico, que será contestado, ou mesmo confirmado, por valores, gerando mais fatos sociais, que receberão novos valores, e estes reduzidos novamente em leis.[2] Todo esse processo converge ao aperfeiçoamento do Estado, operado por instituições, que receberam valores.

O diálogo constante entre fatos, valores e instituições completa o fenômeno federativo em sua inteireza. Os fatos naturais da vida (a natural sociabilidade do humano) recebem valores que atualizam estes fatos (um processo de articulação da unidade na multiplicidade), os quais são reduzidos a instituições normativas (que podem ser mais cooperativas ou mais competitivas).

Existe um processo circular e cumulativo de conhecimento e aperfeiçoamento entre os fatos, os valores e as instituições. Os *fatos* reais da vida são atualizados pelos *valores*, categorizados em *instituições*. As instituições normatizações são checadas com os fatos, gerando mais substrato valorativo, resultando em mais normatização. O ciclo evolutivo do federalismo trabalha esta constante evolução ou involução de fatos, valores e normas. Anda no sentido horário e anti-horário. Em causação circular cumulativa, em que as experiências adquiridas pelo processo histórico de cada país são interpretadas, aprimoradas e adaptadas às realidades concretas da vida. Este diálogo constante nos dá a teoria do processo federativo.

3. As tipificações atribuídas ao federalismo

A organização do Estado Federal não é tarefa fácil. A engenharia constitucional de articulação de duas ordens de tendências contraditórias: uma tendente à unidade, outra tendente à diversidade sempre foi uma atividade complicada. O federalismo criou tipificações próprias para acompanhar a evolução do processo formativo e organizativo dos Estados. Assim tivemos federalismo simétrico e assimétrico, cooperativo e competitivo,

---

[2] Fecha-se um ciclo, entre fatos, valores e normas. Tal fluxo sociológico de atualização do Direito foi objeto de tese de SOUZA JUNIOR, Cezar Saldanha. *A supremacia do Direito no Estado e seus Modelos Básicos*. Porto Alegre: [s.n.], 2002, Título II. Ver, ainda, EHRLICH, Eugen. *Fundamentos da Sociologia do Direito*. Brasília: UnB, 1986, *passim*; e REHBINDER, Manfred. *Sociologia del Derecho*. Madrid: Pirâmide, [s.d.], *passim*.

centrípeto e centrífugo, por agregação e por segregação. A doutrina não para, cria e recria tipificações, mas mesmo que não tenhamos dedicado tinta em tais tipificações cabe o registro. Há quem fale em Federalismo orgânico, de integração, de equilíbrio, de segundo grau, por regiões.

3.1. Federalismo simétrico e federalismo assimétrico

Para melhor compreender as formas de Estado hoje existentes, a doutrina criou tipificações, ou mesmo nomenclaturas que melhor completassem a realidade de formação do federalismo. Assim temos federalismo **simétrico** e **assimétrico**; federalismo *cooperativo* e *dual* (preferimos usar competitivo); federalismos formados pela *agregação* de Estados separados e pela *segregação* de Estados já unidos, federalismo *centrífugo* e *centrípeto*.

A primeira classificação parte de um critério de Autonomia entregue aos Estados-Membros. Se a Constituição atribui o mesmo grau de poderes, encargos e competências aos Estados há de se falar em **simetria**. Se, de outro lado, a Constituição atribui poderes, encargos e competências em grau diferenciado aos Estados há que se falar em **assimetria**. Canadá e Índia completam o sentido desta; Estados Unidos e Brasil o sentido daquela.

Tal mecanismo é cada vez mais comum, pois não existe Estado sem um grau mínimo de *assimetria*, bem como é difícil existir um Estado totalmente *simétrico*. A simetria ou assimetria dar-se-á também em razão à cultura, à língua, ao desenvolvimento. Se o federalismo tem por finalidade conciliar a unidade na diversidade, e o desdobramento do princípio da igualdade está não só em tratar os iguais de maneira igual, mas os desiguais de maneira desigual, porém, na proporção que se desigualam, o federalismo desempenha este aspecto corretor das desigualdades regionais ou estatais acima mencionadas. O federalismo assimétrico exerce uma espécie de institucionalização da assimetria social.[3]

3.2. Federalismo cooperativo e federalismo competitivo

O federalismo pode ser classificado em dual[4] **competitivo** ou **cooperativo**. No primeiro caso é comum a existência de uma dualidade de

---

[3] Dirceu Torrecillas Ramos referia que a assimetria de *fato* exigiu uma assimetria de *direito*. (RAMOS, Dirceu Torrecillas. *A federalização das novas comunidades:* a questão da soberania. Rio de Janeiro: Forense, 2004, p. 138).

[4] Ferreira Filho referia que o federalismo dualista possuía o ideal de "separar duas esferas estanques, a da União de um lado, a do Estado-Membro de outro. Daí a repartição **horizontal** de competências,

competências. Pretende-se, pela duplicação da máquina administrativa do Estado dar maior autonomia (liberdade) às partes componentes da federação. Este modelo *mutuamente exclusivo, reciprocamente limitativo*[5] preserva uma área de poder rigorosamente delimitada à esfera do poder central e à esfera do poder local. A matriz norte-americana, liberal e individualista, foi o berço de nascimento deste modelo competitivo.

O modelo **cooperativo**[6] assentou-se sob o princípio democrático, social e federal. A inter-relação das instâncias de poder, bem como a colaboração delas é mecanismo marcante deste modelo. O desenvolvimento de mecanismos de aproximação, cooperação, auxílio e ajuda dos governos (central e locais) são supervalorizados. Tal modelo foi desenvolvido na Alemanha no segundo pós-guerra, iniciado pela constituição de Weimar, de 1919, e institucionalizado pela constituição de Bonn, de 1949.

3.3. Federalismo centrípeto e federalismo centrífugo

O constituinte coloca em texto constitucional determinada concepção de Estado federal. Esta concepção está aberta às determinações centralizadoras ou descentralizadoras da política em determinado momento histórico.[7] Dentro desta faixa, que vai do grau máximo de descentralização ao máximo de centralização, ficam alocados os diferentes Estados federais. Esta foi a lição de Kelsen, ao afirmar que a classificação dos Estados variava do grau máximo de centralização ao máximo de descentralização.[8]

Assim, se a concepção do constituinte federal inclinar-se pelo fortalecimento do poder central em detrimento do poder local, estaremos diante de um federalismo **centrípeto**, pois os poderes, encargos e competências tendem a ficar mais nas mãos da União do que nas mãos dos Estados, ou mesmo dos Municípios. Ao passo que se a concepção tender à preservação do poder local em detrimento do poder central, estaremos diante de um federalismo **centrífugo**, pois os poderes, encargos e compe-

---

a previsão de tributos exclusivos". (**negritamos**) (FERREIRA FILHO, Manoel Gonçalves. *Manual de Direito Constitucional*. São Paulo: Saraiva, 2007, p. 56-57).

[5] SCHWARTZ, Bernard. *Direito Constitucional Americano*. Tradução de Carlos Nayfeld. São Paulo: Forense, 1966, p. 63.

[6] Ferreira Filho referia que o federalismo cooperativo possuía o ideal de "coordenar as duas esferas, sob evidentemente a batuta da União. Daí a repartição **vertical**, os tributos partilhados, reflexo de uma repartição vertical de competências". (**negritamos**) (FERREIRA FILHO, op. cit., p. 57).

[7] Ver, MACHADO HORTA, Raul. *Direito Constitucional*. Belo Horizonte: Malheiros, 2003, p. 306.

[8] KELSEN, Hans. *Teoría General del Estado*. 15. ed. México: [s.n.], 1979, p. 274-275.

tências tendem a ficar mais nas mãos dos Estados-Membros, ou Municípios, do que nas mãos da União.

3.4. Federalismo por agregação e federalismo por segregação

O devido processo histórico de formação dos Estados modernos legou-nos dois modelos básicos: a *agregação* de Estados soberanos que decidem federar-se (caso dos Estados Unidos da América), e a **segregação** de Estados já aglutinados, já unidos, com províncias autônomas, que por decreto, se separam (caso do Brasil).

Tal fenômeno gerava certa perplexidade: se federalismo vem do latim *foedus, foederis*, que significa junção, união, aglomeração, pacto, aliança, paz, como afirmar que províncias já unidas formariam Estados autônomos de uma federação? Foi isto realmente que aconteceu ao Brasil? Não, absolutamente não. As províncias do Brasil eram órgãos de um Império unitário que souberam de sua federação por um telegrama.[9]

Tal perplexidade não escapou à inteligência de Rui Barbosa: "Tivemos União antes de ter Estados, tivemos o todo antes das partes, a reunião das coisas reunidas [...]".[10] A federação no Brasil foi adotada por uma ordem do poder central (Decreto nº, 1 de 15 de novembro de 1889), sem participação das províncias. Ora, se federação implica união, junção, como adotamos a federação por um ato discricionário do poder central?[11]

Esta pretensa contrariedade dos aspectos formadores dos Estados foi solucionada pelo internacionalista francês George Scelle. Debruçando-se sobre o processo de formação dos Estados, idealizou e cunhou duas modalidades de formação do federalismo: *fédéralisme par association*, acrescentando ser a forma mais comum, e um *fédéralisme par dissociation ou ségrégation*.[12] Os Estados Unidos da América completam o primeiro sentido, o Brasil, o segundo.

---

[9] O mesmo ocorreu com Rússia, Índia e África do Sul onde a fórmula federal serviu igualmente para descentralizar politicamente um Estado previamente unitário que apresentava grandes desigualdades entre sua população. (AJA, Eliseo. *El Estado Autonómico*: federalismo y hechos diferenciales. 2. ed. Madrid: Alianza, 2003, p. 26; na mesma linha, DURAND, Charles. *Confédération D'États et États Fédéral*. Paris: Librairie Marcel Rivière, 1955, p. 141).

[10] BARBOSA, Rui. *apud*. OLIVEIRA TORRES, João Camilo de. *A Formação do Federalismo no Brasil*. São Paulo: Brasiliana, 1961, p. 21.

[11] Cf. Ibid., p. 21-22.

[12] SCELLE, Georges. *Droit International Public*. Paris: Domat-Montchrestien, 1944, p. 192.

4. A confusão dos conceitos: federalismo e federação

É necessário à compreensão do federalismo distingui-lo da federação. Os autores, por vezes, não estão atentos a esta peculiaridade e tratam ambos e cada um como componentes de um mesmo conceito. A distinção que faremos segue a realizada por Maurice Croisat.[13]

Com federalismo, estamos a indicar um substantivo, isto é, uma dimensão da teoria política e da Teoria do Estado mais propriamente, que busca referir as generalidades do sistema federal, sua rede de valores, pontos de consenso, enfim, os vários aspectos comuns a todo e qualquer sistema que seja estruturado federativamente. Há, no fundo, uma análise abstrata e consumativa do fenômeno federal, vez que pretende abordar os pontos identitários de qualquer estrutura de Estado federal.

Segundo Maurice Croisat, quando referimos o termo *federalismo* estamos diante de uma palavra concernente às ideias, aos valores, às concepções de mundo, que experimentam uma filosofia que compreende a diversidade na unidade, ou seja, a forma de estruturação e associação dos povos, dentro de determinado território.[14]

Quanto ao termo *federação*, há uma adjetivação de um determinado universo político territorial. A federação busca caracterizar um certo Estado particularizado na geografia política e, assim, defini-lo de maneira comparativa, distinguindo-o dos demais Estados federais através do poder constituinte e da realidade constitucional de cada ordem política.

A *federação* revela, portanto, uma aplicação concreta, específica, pontual, do federalismo. Está centrada nos arranjos institucionais possíveis que permitem o deslocamento de competências do centro à periferia e da periferia ao centro. Trata especificamente dos órgãos componentes da federação e das inter-relações existentes entre eles. Todo este arcabouço associativo provém de uma ordem constitucional de um Estado qualquer.[15]

Enquanto o *federalismo* pode ser considerado o estudo genérico dos aspectos comuns a todo e qualquer sistema federal, a *federação* é o léxico que, além de indicar uma determinada ordem federal, permite variados

---

[13] CROISAT, Maurice. *Le fédéralisme dans les démocraties contemporaines.* Paris: Montchrestien, 1992, p. 15-20.

[14] "Le terme fédéralisme dans cette perspective ne concerne que les idées, les valeurs, les conceptions du monde, qui expriment une fhilosophie compréhensive de la diversité dans l'unité". (Ibid., p. 15).

[15] "Quant à la federation, ce terme renvoie aux applications cencrétes du fedéralisme, aux différents arrangments institutionnels possibles pour incorporer des unités autonomes à l'exercice d'un gouvernement central sur des bases constitutionnelles rigoureuses". (CROISAT, *Le fédéralisme...*, p. 16).

estudos comparativos entre os Estados que adotam esta forma de Estado.

Assim, analisaremos o *federalismo* nos seus pressupostos axiológicos, e nos seus aspectos concretivos, valendo-se, quando necessário, de elementos da *federação* norte-americana e da federação alemã. Podemos dizer que a *federação* fornece elementos para o desenvolvimento do *federalismo*. A *federação* trabalha a parte geográfica e política de um determinado território, e o federalismo parte desses dados coletados de diversos territórios, para dar um conceito genérico e abstrato, de qualquer forma de organização territorial federativa.

5. Importância e finalidade

O tema – *o federalismo numa visão tridimensional* – é de fundamental importância à Teoria Geral do Estado. O próprio Direito Público – além da Forma de Governo, do Regime de Governo, do Sistema de Governo – tem suas raízes assentadas na Forma de Estado, qual seja: no modo, na forma como se reparte o poder político dentro de determinado território.[16]

Dentro do Direito Público tem-se assistido, a partir da II Guerra Mundial, uma crescente alteração das instituições políticas. O pós-45 colocou os Estados contemporâneos em situação de repensar o cenário político interno, bem como as relações internacionais. Como consequência dessa reflexão, observamos que meios político-institucionais aplicados pelos Estados seguiram uma linha de racionalidade, linha esta que vem sendo aplicada por diversos países do ocidente. No campo da organização territorial do poder não foi diferente, e o federalismo vem desempenhando um papel importante na repartição das competências legislativas, administrativas e tributárias dos Estados.

A realidade contemporânea, em verdade, exige uma estrutura estatal descentralizada, em que os países tradicionalmente unitários estão se abrindo a uma maior descentralização. A título de exemplo, cabe mencionar o caso da França, do Reino Unido e da Suécia, países que vêm sofrendo um lento e constante processo de descentralização.[17] O próprio Kelsen sentia, ao seu modo, já no I pós-Guerra, esta tendência descentralizadora,

---

[16] Ver, SOUZA JUNIOR, Cezar Saldanha. *Constituições do Brasil*. Porto Alegre: Sagra Luzzatto, 2002, p. 23.

[17] Escrevemos com maior vagar este processo de descentralização dos Estados Unitários em outro lugar. (REVERBEL, Carlos Eduardo Dieder. Federalismo Descentralização e Subsidiariedade. In: SOU-

classificando os Estados em faixas que se estenderiam do grau máximo de centralização, ao máximo de descentralização.[18]

Mas retirante esta tendência do federalismo da atualidade, voltamos, nesta pesquisa, às origens do federalismo, buscando um conceito da forma federativa de Estado. O esforço despendido levou-nos, entretanto, a uma perplexidade: não há um conceito uniforme, universalmente aceito, para o termo. Marcel Prelot, em *Institutions Politiques et Droit Constitutionnel*, escreveu que existe um federalismo que varia segundo os tempos, os povos e as ideologias: "Il y a un fédéralisme variant selon les temps, selon les peuples, selon les ideologies".[19] O federalismo estaria vinculado, portanto, à variação histórica e ao arranjo constitucional de cada repartição territorial do poder.

Friedrich também sentia tal inconveniente conceitual do federalismo. Sugeria não poder ser encarado o federalismo como um *modelo estático*, fixo e preciso de divisão e organização dos poderes das unidades políticas. Ao contrário, a racionalidade demonstra ser o federalismo um processo dinâmico e constante de *federalização de uma comunidade política* qualquer. Não importa a quantidade de Estados, ou mesmo a classe de associação, o que realmente interessa é tomar consciência da necessidade de se tomar decisões conjuntas aos problemas comuns. Completava a essência do federalismo, para Friedrich, o fato de que a unidade deveria ser combinada com a diversidade de tal forma que possam coexistir esferas de *"autonomia para la comunidad global y las comunidades en ella contenida"*.[20]

Os espanhóis expressam-se também pela inexistência de um modelo de federalismo puro e abstrato. Aja,[21] Rovira,[22] Ruipérez[23] *et alii* chegaram à conclusão de que um modelo fechado, pronto e acabado de federalismo não existe. Em verdade, existem variantes e modalidades de federalismos, que oscilam em um amplo leque de alternativas e gradações.

A questão não escapa aos franceses, pois não existe "[...] uma definição universal de federalismo. Como para os termos democracia ou país,

---

ZA JUNIOR, Cezar Saldanha; ÁVILA, Marta (Coord.) *Direito do Estado*: estudos sobre federalismo. Porto Alegre: Dora Luzzatto, 2007, p. 57-59).

[18] KELSEN, *Teoría...*, p. 274-275.

[19] PRÉLOT, Marcel. *Instituições politiques et droit constitutionnel*. Paris: [s.n.], 1969, p. 250.

[20] FRIEDRICH, Carl J. Teoria Constitucional federal y propuestas emergentes. In: *Practica del Federalismo*. Buenos Aires: Editorial Bibliográfica Argentina, 1959, p. 547.

[21] AJA, *El Estado...*, p. 41.

[22] ROVIRA, Enoch Alberti. *Federalismo y Cooperación en la Republica Federal Alemana*. Madrid: Centro de Estudios Constitucionales, 1986, p. 3.

[23] RUIPÉREZ, Javier. *La Protección Constitucional de la Autonomía*. Madrid: Tecnos, 2002, p. 36-38.

é somente com a diversidade de percepções e de buscas que encontramos a regra".[24] O federalismo tem sido sustentado como um fato que acompanha as regras constitucionais e as práticas políticas das sociedades em mudança. Entre a fragmentação territorial do poder político e a concentração da soberania no governo federal existem nuanças que só a prática histórico-constitucional de cada país irá determinar.[25]

Eliseo Aja, refletindo sobre o conceito de federalismo, mencionava o fato de que Rússia, Estados Unidos, Brasil, África do Sul, Índia e Alemanha são modelos federativos, mas as instituições e as técnicas federais desses países são completamente diferentes, pois emanam de sistemas econômicos, sociais e culturais distintos. O problema não está diretamente relacionado à estrutura territorial dos Estados, mas essencialmente à heterogeneidade das realidades históricas e concretas da vida de cada um deles.[26]

Demonstrada a indeterminação conceitual do federalismo, bem como as confusões terminológicas geradas pelo mau uso do termo (o que por si só já demonstra a *importância* da pesquisa), cabe agora verificar a *finalidade* deste trabalho. A *finalidade* é demonstrar a existência do federalismo nas origens associativas do humano. O plano de repartição territorial e político do federalismo, como tradicionalmente conhecemos, tem suas origens em momento anterior ao que tradicionalmente conhecemos: na própria sociabilidade do humano.

Assim, a originalidade de tal estudo está em repensar as clássicas estruturas em que o federalismo foi fundado (Federalismo Dual norte-americano e Federalismo Cooperativo alemão), demonstrando que o ideal associativo humano nasce com a própria pessoa. Neste sentido, a racionalização do federalismo pelos Estados Unidos foi apenas um momento, uma fase da evolução ou mesmo um corte realizado na longa história do federalismo.

---

[24] No original: "Il n'existe pás de définition universelle du federalisme. Comme pour les termes de démocratie ou de paix, c'est la diversité des perceptions et des approches qui est la règle". CROISAT, *Le fédéralisme...*, p. 11; Geraldo Ataliba posiciona-se na mesma direção ao afirmar que "não há uma forma ecumênica de Federação. Ninguém pode fazer uma definição completa, miúda, de Federação, porque ela assume, em cada lugar, em cada época, e em cada momento, feição diversa. Entretanto, há traços essenciais que deverão estar presentes em todos os Estados, que se pretendam afirmar, federais". (ATALIBA, Geraldo. *Constituição e Constituinte:* regime federativo. São Paulo: Revista dos Tribunais, 1987, p. 63).

[25] Cf. CROISAT, *op. cit.*, p. 11

[26] "El problema en este tipo de comparación no deriva de la estructura territorial del Estado, sino del tipo mismo de Estado y de sociedad, y de la misma forma que las matemáticas niegan la posibilidad de sumar manzanas y sillas, en derecho constitucional tales comparaciones no son correctas, por la heterogeneidad de sus términos" (AJA, *El Estado...*, p. 41).

O corte dado pelos Estados Unidos na racionalização do modelo dual de federalismo está longe de ser o modelo primeiro de nossa história. A Alemanha vem experimentando um ideal federativo associativo nos seus mais de dez séculos de Sacro Império Romano-Germânico. A legitimidade e a originalidade dos Estados Unidos da América na *"criação"* do federalismo deve ser revista não somente no aspecto *temporal*, como ainda no aspecto *doutrinário*. Doutrinadores outros – anteriores aos pais fundadores do federalismo moderno – como Montesquieu, Rousseau, Althusius *et alii* já haviam pensado nos problemas da República Federativa.

Por fim, nossa última pretensão é dar um conceito de federalismo, aceito universalmente, que evite as críticas e descreva este tema tão complexo da Teoria do Estado, e do Direito Constitucional, o que antecipamos na introdução.

O federalismo é e sempre foi socionatural em suas primeiras bases. *Partiu* da pessoa humana (ser totalmente individual, ser totalmente social). *Passou* pelo ajustamento da ética e da política para a consolidação da concórdia, respeitando as demais dimensões do existir humano. *Destacou* a importância do princípio da subsidiariedade como meio integrador de todos os níveis de interação social. Para *convergir* no anseio de toda e qualquer comunidade política: o bem comum. Assim, o federalismo socionatural comporta um ideal associativo sustentado em três pilares: (1) na pessoa humana, como *fundamento*; (2) na dinâmica do princípio da subsidiariedade, como *funcionamento*; e (3) na busca do bem comum, pela concórdia política, como *finalidade*.

Todas as demais determinações do conceito do federalismo partem dessa perspectiva *fática*: o federalismo socionatural. Assim o federalismo dual norte-americano (competitivo), ou mesmo o federalismo cooperativo alemão são racionalizações distintas, por que não dizer, *normativizações* operadas por instituições políticas, pautadas em *valores*. Assim os dois modelos clássicos de federalismo se abeberam da mesma fonte, um preservando mais a cooperação das esferas de poder, outro preservando mais a competição entre elas.

6. Plano da exposição

Seguindo a presente **Introdução,** sucedem três partes, com a seguinte subdivisão: Primeira Parte, Segunda Parte, e Terceira Parte Seções 1ª e 2ª.

Na **Primeira Parte**, examinamos os fundamentos naturais do federalismo, a própria realidade **fática** e concreta da vida em sociedade. O ambiente natural de sociabilidade e associação vem da própria pessoa (substância individual de natureza racional). O ser humano não vive sozinho; pelo contrário, é no outro e com o outro que ele atinge a perfeição. Este capítulo é a chave de todo o trabalho, pois se preocupou com o federalismo socionatural, desvendando as raízes primárias do ideal associativo humano.

Na **Segunda Parte**, examinamos o valor atribuído ao federalismo socionatural. Podemos dizer que foi um processo artificial de racionalização e construção *teórico-institucional* de um federalismo *prático-natural*. As forças humanas foram engendradas no sentido de ajustar o modelo associativo primário. A interferência do processo de racionalização do federalismo socionatural teve por supedâneo dois grandes *valores*: (1) preservação da segurança pela formação de Estados mais expressivos (grandes repúblicas) e como decorrência deste; (2) a articulação das partes desse grande território: a própria unidade para fora e diversidade para dentro.

Na **Terceira Parte**, (Seções 1ª e 2ª) examinamos a execução técnica, burocrática e **normativa** dos modelos clássicos de federalismo – competitivo e cooperativo. O modelo germânico aproxima-se do federalismo socionatural, ao passo que o modelo norte-americano aproxima-se do federalismo pactista-contratual das repúblicas federativas. Os alemães, através da *cooperação* das esferas de poder, desenvolveram um federalismo de auxílio das instâncias federativas, tendo por base o princípio da subsidiariedade. Ao passo que os norte-americanos, através da *competição* (dual) entre as esferas de poder, desenvolveram um federalismo que reforçasse a autonomia das partes em relação ao todo, tendo por base o princípio da liberdade e competitividade das esferas de poder.

Em sede de Conclusão, além de sintetizarmos as mensagens que passamos ao longo do texto, levantamos questões que entendemos pertinentes aos estudos futuros do federalismo, mormente ao período do Império do Brasil: a verdadeira realidade federativa sem o nome, ao passo que analisamos, também, o nome sem a realidade: o federalismo no Brasil de hoje. A tendência à descentralização também foi apontada, bem como a necessidade da sustentação das formas de Estado em dois grandes pilares: governo central e governo local. Os Estados-Membros ou a região, em verdade, vão designar se um Estado será federal ou unitário, pois o Estado-Membro situa-se justamente no ponto intermediário, no justo meio, no termo médio de duas tendências contraditórias, o governo central que puxa à centralização, e o governo local que puxa à descentralização.

Primeira Parte
O federalismo enquanto realidade social

> A associação cível é aquela na qual três ou mais homens do mesmo negócio, ou com a mesma instrução ou profissão, se unem com o objetivo de ter coisas comuns, tais como deveres, modos de vida ou atividades que professam. Tal associação é chamada *collegium*, ou, dependendo da característica, congregação, sociedade, *federação*, corporação, associação, sinagoga, convenção ou sínodo. Trata-se de uma associação privada, em contraste com a pública.[27]

7. A pessoa humana: substância individual de natureza racional

Toda reflexão em torno do Estado e do Direito, parte, por certo, de uma *concepção*[28] de ser humano. O presente trabalho ancorado no coração do Direito Constitucional e do Direito do Estado não poderia ser diferente. Nossa investigação preliminar, portanto, será centrada na pessoa humana e no modo de concebê-la.

Pessoa vem do latim *personare*,[29] soar através de, ressonar; de *phersu*, máscara teatral, ou do grego *prósopon*, aquilo que pertence ao mundo do

---

[27] ALTHUSIUS, Johannes. *Política*. Tradução de Joubert de Oliveira Brízida. Rio de Janeiro: Topbooks, 2003.

[28] Ismael Quiles, citando Max Scheler referia que: "la misión de una antropología filosófica es mostrar exactamente cómo la estructura fundamental del ser humano explica todos los monopolios, todas las funciones y obras específicas del hombre: el lenguaje, la conciencia moral, las herramientas, las armas, las ideas de justicia y de injusticia, el Estado, la administración y la ciencia, la historicidad y la sociabilidad". (SCHELER, Max. *El puesto del hombre en el cosmos*. Madrid, 1936, p. 126. Apud QUILES, Ismael. *La persona humana*. 4. ed. Buenos Aires: Depalma, 1980, p. 2).

[29] Sobre a origem etimológica da palavra *pessoa* a bibliografia é extensa, indicamos, neste ponto, as obras de: QUILES, op. cit., p. 7-8; SPAEMANN, Robert. *Personas Acerca de la Distinción Entre "Algo" y "Alguien"*. Tradução e estudo introdutório de José Luis del Barco. Navarra: Universidade de Navarra, 2000, p. 41-43; Andréa Milano, o qual dedica um capítulo inteiro (terceiro) ao tratamento da matéria: Il caso di "prósopon", remontando à Homero o primeiro sentido de *prósopon*, designando face,

teatro, os personagens e os seus intérpretes.[30] Pessoa, no teatro clássico, era, simplesmente, a máscara de onde ressonava a voz do ator – *personabat*. Depois o termo passou a designar o rol de pessoas, ou o *status* social dentro de determinada sociedade. Assim tivemos *persona* como *sujeito* de direitos e deveres em uma definição jurídica; *persona* designando o *status* de ser livre ou ser escravo em uma análise da posição entre os membros da sociedade, mormente no direito romano; *persona* como contraposição aos estrangeiros – *barbari* – que nessa época possuíam o mesmo *status* do escravo, ou seja, não eram considerados "pessoas" do prisma das relações entre as unidades políticas antigas.

Entretanto, foi somente a partir dos ensinamentos da Igreja Católica, propugnando pela igualdade específica de todos os homens e mostrando que tudo quanto existe sobre a terra está ordenado em função do homem e para o homem,[31] que o termo *pessoa* foi aplicado para todos os seres humanos. Homem e pessoa humana denotam, portanto, o mesmo significado. Todavia, como supracitado, podem ser concebidos de formas distintas, de acordo com a orientação filosófica adotada. Neste sentido, cabe perguntar: qual a concepção de pessoa melhor denota a realidade do federalismo?

Ao longo da história, a pessoa humana foi concebida sob diversas perspectivas. Neste trabalho, analisaremos três segmentos filosóficos que se debruçaram sobre a pessoa humana: concepção *liberal*, concepção *comunista* e concepção *católica* (Doutrina Social da Igreja). Estas concepções apresentadas foram, sem dúvida, as que mais marcaram a experiência ocidental.

A concepção *liberal*,[32] desconsiderando a sociabilidade do humano concebe o homem de uma perspectiva totalmente independente da mo-

---

vulto, aspecto, a figura do homem. (MILANO, Andréa. *Persona in Teologia:* alle origini del significato di persona nel cristianesimo antico. Roma: Dehoniane, 1996, p. 53-59).

[30] Tomás de Aquino, analisando o pensamento de Boécio (*lib. De duabus nat*) referia: "La palabra persona parece haberse tomado de los disfraces ó máscaras, que representaban á ciertos personajes en las tragedias y comedias: porque la palabra latina persona viene del verbo personare, que significa resonar ó retumbar, en razón á que el sonido adquiere mayor intensidad comprimido en la cavidad de la careta. Los griegos han dado el nombre ... á las caretas ó antifaces, que los actores se ponían ante los ojos, para cubrir el rosto". (AQUINO, Tomás de. *Suma Teológica*. Madrid: Moya y Plaza, 1880, I-I, 29, a.3).

[31] A Constituição Pastoral *"Gaudium et Spes"*, do Concílio Vaticano II ao introduzir o assunto da Dignidade da Pessoa Humana referia expressamente: "Tudo quanto existe sôbre a terra deve ser ordenado em função do homem, como seu centro e seu termo; neste ponto existe um acôrdo quase geral entre crentes e não-crentes". DE SANCTIS, Antonio, Frei. *Encíclicas e documentos sociais da Rerum Novarum à Octagesima Adveniens*. São Paulo: LTr, 1991, v. 1, p. 307.

[32] Por liberalismo entendemos "el sistema en último término filosófico que exalta exageradamente la libertad humana en todos los campos de la vida y del hombre, social, económico, psíquico, moral y sobrenatural, propugnando la independencia, más o menos total, de dicha libertad de la ley divina

ral,[33] não enxergando limites para ele[34]. A liberdade é uma faculdade humana, uma potência cega, um fazer sem limites, um desprezo aos fins éticos e supremos da pessoa, em que cada um é lei para si mesmo, e a única limitação imaginada só pode ser aquela que é consentida pelo próprio homem[35]. A formação do Estado – especificamente na linha liberal de Locke – não passava do sacrifício de parte da liberdade em prol de uma tutela superior. A teoria e a fundamentação do contrato social – tanto de Rousseau, quanto de Locke – estava baseado, portanto, em um conceito de reciprocidade, de bilateralidade, acontecimento político puramente racionalizado[36] a determinado fim. Assim, o liberalismo levado às últimas consequências reduz o pensamento à sensação, despertando um sentimento um tanto quanto anti-intelectualista, que encontra como seu maior expoente Rousseau:

> Every animal has ideas, since it has senses; up to a certain point it even combines its ideas, and in this regard man differs from an animal only in degree. Some philosophers have even suggested that there is a greater difference between two given men than between a given man and an animal. Therefore it is not so much understanding which causes the specific distinction of man from all other animals as it is his being a free agent. Nature commands every animal, and beasts obey. Man feels the same impetus, but he knows he is free to go along or to resist; and it is above all in the awareness of this freedom that the spirituality of his soul is made manifest. For physics explains in some way the mechanism of the senses and the formation of ideas; but in the power of willing, or rather of choosing, and in the feeling of this power, we find only purely spiritual acts, about which the laws of mechanics explain nothing.[37]

---

y moral". (SIERRA BRAVO, Restituto. *La persona humana en el magisterio social de Pio XII*. Madrid: Aguilar, 1960, p. 3).

[33] O próprio Jhering já lecionava acerca do problema da materialidade do humano: "a vida material não constitui toda a vida do homem; tem ainda que defender sua existência moral que tem por condição necessária o direito: é, pois, a condição de tal existência que elle possue e defende com o direito" (JHERING, Rudolf Von. *A Lucta pelo Direito*. Tradução de José Tavares Bastos. Rio de Janeiro: Livraria Chardron, 1910, p. 22).

[34] No plano econômico Sierra Bravo coloca três notas que o liberalismo tem acerca do homem: "considerar su actividad económica independiente y separada de la moral, poner el móvil de esta actividad en la consecución de la mayor ganancia monetaria y estimar al hombre no como sujeto, sino como objeto de la Economía". (SIERRA BRAVO, op. cit. P. 4).

[35] Oliveira Torres referia: "Não era o conhecimento do valor superior do espírito e da inteligência e sim de que os artigos e os discursos eram 'fenômenos' e como tais expressões de uma lei. No fim a ordem se faria. [...] E quanto aos resultados o velho sofisma: Todos possuem direitos plenos e iguais, o vencido é um incompetente...". OLIVEIRA TORRES, *A Libertação...*, p. 65.

[36] Giorgio Del Vecchio, assim se referia à teoria política de Locke: "El Estado, para Locke, no es, pues, una negación de la libertad natural, sino una reafirmación de la misma dentro de ciertos limites, la cual encuentra su garantía en aquél ". (DEL VECCHIO, George. *Filosofía del Derecho*. Barcelona: Bosch, 1974, p. 68).

[37] "Cada animal tem idéias pelo fato de ter sentidos; até um ponto pode mesmo combinar suas idéias, e, neste sentido, o homem é diferente dos animais somente em graus. Alguns filósofos têm sugerido que existe uma diferença maior entre dois homens do que entre um homem e um animal. Portanto, não é tanto o entendimento que causa a distinção específica do homem em relação com os outros ani-

A concepção *comunista* não conseguiu resistir à tentação da doutrina filosófica moderna que rompeu com a tradição clássica e considerou a razão humana a medida e o fundamento de toda a verdade. Os comunistas levaram o materialismo prático aplicado pelos liberais até as últimas consequências, sendo agora um materialismo radical. Acreditando, porém, na bondade humana, e considerando todos os males da humanidade como fruto do resultado da organização da sociedade em classes, buscavam a solução pela revolução do proletariado, – descrentes que eram na transcendência do humano[38] – como único meio de alcançar o "paraíso na terra". A própria sociedade era vista como um meio material, como uma organização econômica, sendo os meios e as formas de produção o fator determinante da evolução social. A sociedade resumir-se-ia ao que Marx denominava de materialismo dialético econômico. Entretanto, o que desconsideravam os marxistas é que a ideia da mais-valia atribuída ao Estado não passava de um capitalismo mitigado, tirando o capital das mãos de alguns, entregando às mãos do Estado.[39] Desconsideravam, assim, um elemento essencial do humano: que a liberdade pressupõe a desigualdade, ou ainda, "que a igualdade sòmente é possível a partir da desigualdade atual, reconhecida para ser corrigida".[40]

Ambas as concepções desenvolvidas, se levadas ao extremo, descambam no totalitarismo, no qual o Estado é independente ou está em um nível superior à pessoa. Hobbes, acreditando na maldade intrínseca e no medo inato do ser humano,[41] em que no Estado de natureza do *bellum*

---

mais quanto o seu estado de agente livre. A natureza comanda todos os animais e, as bestas obedecem. O homem sente o mesmo ímpeto, mas ele sabe que ele é livre para aceitar ou resistir; e é, acima de tudo, na consciência de sua liberdade que a espiritualidade de sua alma é manifestada. A física explica de alguma forma o mecanismo dos sentidos e a formação das idéias, mas no poder da vontade, ou melhor dizendo, na escolha e no sentimento desse poder, nós encontramos atos puramente espirituais sobre os quais as leis da mecânica não explicam". (ROUSSEAU, Jean-Jacques. *Discourse on the Origin of Inequality*. Tradução de Donald A. Cress. Cambridge: Hackett, 1992, p. 25).

[38] Maritain referia que o comunismo não é "[...] apenas um sistema econômico, é uma filosofia da vida fundada sôbre uma rejeição coerente e absoluta da transcendência divina, uma ascética e uma mítica do materialismo revolucionário integral". (MARITAIN, Jacques. *Cristianismo e Democracia*. Tradução de Alceu Amoroso Lima. 2ª. ed. Rio de Janeiro: Agir, 1945, p. 94).

[39] *Cf.* SIERRA BRAVO, *La persona*..., p. 9-14.

[40] TORRES, João Camilo de Oliveira. *A Libertação do Liberalismo*. Rio de Janeiro: Casa do Estudante do Brasil, 1949, p. 83. A Carta Encíclica do Papa Leão XIII – *Rerum Novarum* – referia a impossibilidade "que na sociedade civil todos sejam elevados ao mesmo nível. É, sem dúvida, isto o que desejam os socialistas; mas contra a natureza todos os esforços são vãos. Foi ela, realmente, que estabeleceu entre os homens diferenças tão multíplices como profundas; diferenças de inteligência, de talento, de habilidade, de saúde, de fôrça; diferenças necessárias, de onde nasce espontâneamente a desigualdade das condições." (DE SANCTIS, *Encíclicas*..., v. 1, p. 21).

[41] Dentro dos negócios humanos, referia Hobbes, "[...] toda reunião, por mais livre que seja, deriva quer na miséria recíproca, quer da vã glória, de modo que as partes reunidas se empenham em conseguir algum benefício, ou aquele mesmo eudokimein (do grego fama) que alguns estimam e honram junto àqueles com quem conviveram. [...] e conclui: que a origem de todas as grandes e duradouras

omnium contra omnes, o arrastaria ao egoísmo natural, não vendo outra saída senão um Estado absoluto, forte, com poder supremo, soberano nas decisões, reprimindo e anulando o egoísmo intrínseco à natureza humana. Rousseau, por sua vez, coloca a origem do poder público na entrega total dos cidadãos ao corpo social. Se cada um se entrega por inteiro, e o pressuposto do Estado é dar as mesmas condições aos contratantes, não restava dúvida que atingiria a pretendida igualdade absoluta. O fato é que tanto a teoria de Hobbes, quanto a de Rousseau acerca do Estado, se não fundamentam um Estado totalitário, abrem as portas para que ela se desenvolva. Para o totalitarismo, a lei natural do homem que no liberalismo se centrava nos seus direitos naturais, faz parte, agora, da nação, ou da raça. No fundo, o totalitarismo converte o Estado em um fim absoluto.[42]

A concepção desenvolvida pela *Doutrina da Igreja Católica*, por sua vez, tem sua origem no cristianismo latino antigo. Boécio foi o primeiro a sistematizar um conceito formal, especulativo e refinado de pessoa que atravessaria toda a idade média – sendo melhor trabalhado pela escolástica medieval, mormente na pessoa de Santo Tomás de Aquino – e ressoaria ao mundo moderno e contemporâneo. Para ele *Persona est rationalis naturae individua substantia*.[43] Três seriam, portanto, as características da pessoa: substancialidade, racionalidade e individualidade.

O homem em sua *substancialidade* é composto de corpo e alma, de matéria e espírito. Se está chumbado à realidade concreta da vida, possui, ao mesmo tempo, uma natureza que a transcende. Nesse sentido, a doutrina critica o *fenomenismo materialista* por desconsiderar a espiritualidade humana, e achar que os homens são um recipiente a ser reenchido, superestimando os valores econômicos, para representar interesses utilitários e de grupos. Ao extremo oposto, o *idealismo historicístico* também não escapou de duras críticas, na medida em que negou a substancialidade da pessoa, reduzindo-a a um por vir, um valor do futuro, um evento histórico.[44] Na verdade, a substancialidade não nega o por vir, pois o *ser* precede o *dever ser*.

---

sociedades não provém da boa vontade recíproca que os homens tivessem uns para com os outros, mas do medo recíproco que uns tinham dos outros". (HOBBES, Thomas. *Do Cidadão*. Tradução de Renato Janine Ribeiro. São Paulo: Martins Fontes, 1998, p. 27-28).

[42] Cf. SIERRA BRAVO, *La persona...*, p. 15-20.

[43] Boécio. *De duabus nat.*, II, 4. Tomás De Aquino define a pessoa pelos caminhos abertos por Boécio: "Persona es el nombre distintivo de la sustancia individual de uma naturaleza racional entre todas las demas sustancias." (AQUINO, *Suma...*, I-I, 29, a.1).

[44] Cf. GONELLA, Guido. *Bases de Uma Ordem Social*. Petrópolis: Vozes, 1947, pp. 11-12. Ver ainda, SOUZA JUNIOR, Cezar Saldanha. *A Crise da Democracia no Brasil*. Rio de Janeiro: Forense, 1978, p. 15-18.

O homem é o único ser dotado de *racionalidade*. Na sua singularidade possui consciência de si e é responsável e goza dos seus próprios atos. É da racionalidade que o ser humano recebe seu caráter de singularidade. Santo Tomás definia que a palavra *pessoa* "significa lo que hay más perfecto en toda naturaleza, es decir, lo subsistente en una naturaleza racional".[45] Não há como definir pessoa sem partir da racionalidade, elemento essencial definidor da individualidade. De um lado, o erro do *sensismo* foi desconhecer a racionalidade e reduzir tudo a sensação, pautando a vida social na luta desmedida, desmesurada, do indivíduo[46] que busca afirmar os seus instintos e interesses sobre os demais. De outro lado, o erro do *racionalismo*, radicalizando a racionalidade, desconsiderou o valor da individualidade empírica da pessoa. A racionalidade suplanta a individualidade; o universal se sobrepõe ao particular. Na verdade, o universal depende e deve ser harmonizado com o particular, esse sim o designo do homem fadado a viver em sociedade.[47]

Na sua *individualidade,* o homem é único. Nenhum ser humano é igual a outro ser humano. É consciência peculiar, natureza individual e necessariamente diferente. Entretanto, ao mesmo tempo em que o homem é totalmente individual, ele é totalmente social.[48] Ele só se completa em sociedade. Ou como preferira Kaufmann: "o homem é *ad alterum*. O homem em seu isolamento, como um Robinson em sua ilha deserta não lhe falta somente o vizinho, o falta o 'ser como' em seu mais íntimo 'poder ser', em seu 'ser ele mesmo'".[49]

---

[45] AQUINO, op. cit., I-I, 29, a.3).

[46] Preocupação filosófica desde a escolástica medieval tem sido a distinção entre os conceitos de *pessoa* e *indivíduo*. A *Individualidade* é fonte da materialidade e da temporalidade do humano, enquanto que na *pessoalidade* o enfoque está na transcendência, na espiritualidade do humano. Paul Bello, baseado no filósofo tomista Garrigou Lagrange bem definiu esses conceitos: "La individualidad que nos distingue de los seres de la misma especie proviene del cuerpo, de la materia que ocupa tal porción de espacio distinta de la ocupada por otro hombre. Por nuestra individualidad somos esencialmente dependientes de tal ambiente, de tal clima, de tal herencia, griegos, latinos o sajones. Cristo era judío. La personalidad, por el contrario, proviene del alma, es la misma subsistencia del alma independientemente del cuerpo. Desarrollar su individualidad es vivir la vida egoísta de las pasiones, hacerse centro de todo y llegar finalmente a ser esclavos de mil bienes transitorios que nos dan el miserable goce de un instante. La personalidad, por el contrario, se acrecienta en la medida en que el alma elevándose por encima del mundo sensible, se une más estrechamente mediante la inteligencia y la voluntad, a lo que constituye la vida del espíritu". (BELLO, Paul. *Lo Humano*: introducción al personalismo cristiano. Caracas: IFEDEC, 1987, p. 44-45).

[47] Cf. GONELLA, *Base...*, p. 14-15.

[48] A individualidade depende da sociabilidade pois, como bem mostra Gonella: "Realiza-se na pessoa a síntese da universalidade do particularismo e por isso cada indivíduo, embora particular, deve sentir a vida de outro também como a sua vida, pois que o é do homem (universal)". (Ibid., p. 13).

[49] No original: "[...] el Hombre es ad alterum. Al Hombre en su aislamiento, al Robinson en su isla desierta, no lê falta solo el vecino, le falta el 'ser como' en su mas íntimo 'poder ser', en su 'ser sí mismo'". (KAUFMANN, Arthur. *Derecho, Moral e Historicidad*. Tradução de Emilio Eiranova Encinas. Madrid: Marcial Pons, 2000, p. 56). Ou como prefería Wolff, interpretando a política de Aristóteles:

O homem nasce para viver em sociedade. Os sociólogos estudam as relações entre as pessoas acentuando os traços coletivos da vida social, a padronização dos comportamentos, as diversidades naturais. Chinoy referia que esta forma de tratamento dava a impressão de se estar "desprezando a pessoa individual".[50] Mas o acento deve ser colocado na interdependência do indivíduo e da sociedade.

Desta forma, destacamos que o *individualismo* exacerbado negou o universal em detrimento do individual. Colocou o bem individual em posição anterior e ulterior ao bem social. Em verdade, o individualismo, pretendendo defender a individualidade, acabou por esvaziá-la. De outro lado, o *estatalismo* hegeliano (acima referido como comunismo) caiu no extremo oposto, retirando o que era exageradamente entregue ao indivíduo, destinando agora ao Estado. Não se trabalha para o todo sem desenvolver a parte. Se a parte vai mal, o todo irá. O que o estatalismo e o individualismo não percebem é que como a sombra depende e opera pela luz, o Estado depende e opera pela pessoa. Em síntese, ambos e cada um se complementam.

De um lado, a concepção da *Doutrina Social da Igreja* vê o homem de um prisma sobrenatural, que transcende a realidade imanente da vida concreta e enxerga no homem e para o homem uma filosofia espiritual transcendentalista, inspirada na verdade e sabedoria, no direito natural e na revelação, que propugna a anterioridade dos valores interiores, da ética, da justiça, do bem comum e de um ideal de vida boa sobre os valores exteriores e materialistas.[51] De outro lado, as concepções *individualista e comunista* desconsideraram absolutamente a transcendência divina, quebraram os laços que uniam o homem com Deus, conduzindo-o ao vazio interior. Ademais, no campo filosófico, rompem com toda a tradição aristotélico-tomista, concebendo o homem e o mundo a partir de uma visão

---

"Isolado, um animal estará condenado ao devir e ao não-ser. Ele não pode, portanto, ser ele mesmo uma vez que não pode ser". (WOLFF, Francis. *Aristóteles e a Política*. 2. ed. São Paulo: Discurso Editorial, 1999, p. 58).

[50] CHINOY, Ely. *Sociedade:* uma introdução à sociologia. São Paulo: Cultrix, 1973, p. 113. Tal afirmativa demonstra que a natural sociabilidade do humano existe não somente em Aristóteles, ou na doutrina clássica, mas permeia toda evolução social, pois o homem é por natureza social. Neste ponto, a bibliografia é farta, por todos, ver: GIDDENS, Anthony. *Sociologia*. Porto Alegre: Artmed, 2005, capítulo 4.

[51] Paul Bello refere que as suas ideias derivavam "de una concepción global del hombre, de la vida y del universo inspiradas en una filosofía espiritual trascendentalita, para la cual hay un Absoluto fuente de lo existente que, en su Trascendencia, es Verdad y Sabiduría Infinitas". E mais adiante: "Personalista es toda actitud intelectual fundada en la idea del valor superior de la persona en orden a la consideración de la multiplicidad del Universo y de las relaciones del hombre con los entes que lo constituyen". (BELLO, *Lo Humano...*, p. 57).

puramente racionalista, objetivista, justificalista,[52] reducionista, empirista, materialista, idealista.[53]

Dentre todas as concepções expostas, uma se sobressai às demais, completando o verdadeiro sentido do federalismo. A associação das pessoas para um objetivo comum, respeitando tanto a individualidade, quanto a sociabilidade da pessoa, é característica marcante da concepção da doutrina social da igreja. A natural sociabilidade do humano, ao contrário, não pode ser fundamentada pelas concepções do liberalismo e do comunismo, ambas e cada uma, negando a sua maneira, a essência do interagir humano.

Demonstrado o complexo fenômeno que é o ser humano, cabe agora verificar a natureza associativa da pessoa; pois se federalismo é a associação de Estados, o Estado é antes de tudo associação de pessoas, porém, com um fim objetivo: a busca do bem comum, que implica abandono de bens particulares. Não se trabalha o todo sem antes se trabalhar a parte; é da parte que o todo deriva, mas o interesse do todo vem antes do interesse da parte, razão pela qual antes da associação institucional federativa iremos compreender a natureza da associação da pessoa.

8. A natureza associativa do humano: a perfeição do ajustamento político como pressuposto de uma ordem política federativa

O ser humano, ao mesmo tempo plenamente individual e plenamente social, superabundante e carente, envolvente e envolvido, procura no outro – *altero* – um meio para a realização de um fim: a felicidade.[54] É

---

[52] Hannah Arendt coloca "os cientistas formulam hipóteses para conciliar seus experimentos e em seguida empregam esses experimentos para verificar as hipóteses; e é óbvio que, durante todo o tempo, estão lidando com uma natureza hipotética." (ARENDT, Hannah. *A Condição Humana*. 10. ed. Rio de Janeiro: Forense Universitária, 2001, p. 30).

[53] Nesse sentido ver o exposto por Michel Villey: "Há a via do idealismo e do subjetivismo modernos, totalmente concentrada no sujeito e nas relações deste com os objetos de conhecimento, que reduz o ser ao pensamento. Mas em oposição a esta corrente, e sempre atual, ressurgindo a cada momento, uma filosofia realista voltada para o ser, cuja realidade postula e do qual procura ser uma visão de conjunto". (VILLEY, Michel. *Filosofia do Direito*: definições e fins do direito, Os meios do Direito. Tradução de Márcia Valéria Martinez de Aguiar, São Paulo: Martins Fontes, 2003, p. 28).

[54] Segundo Aristóteles: "se há, então, para as ações que praticamos, alguma finalidade que desejamos por si mesma, sendo tudo mais desejado por causa dela [...] evidentemente tal finalidade deve ser o bem e o melhor dos bens". E mais adiante: "Chamamos aquilo que é mais digno de ser perseguido em si mais final que aquilo que é digno de ser perseguido por causa de outra coisa [...] parece que a felicidade, mais que qualquer outro bem, é tida como bem supremo, pois a escolhemos sempre por

na pluralidade e na sociabilidade que a pessoa completa as necessidades imanentes da realidade concreta da vida. Assim, desde a antiguidade, a associação de pessoas, com uma finalidade comum, foi algo que brotou naturalmente do complexo fenômeno do convívio social. No fundo, essas interações de consenso e conflito da comunidade assumiram formas distintas ao longo da história, seja na *unidade política antiga*, na *civitas*, na *cidade-estado*, na *polis*, no *regnum*, ou, como pela primeira vez usou Maquiavel em "O Príncipe" – no Estado.[55]

Nesta evolução juspolítica da sociedade, com a finalidade específica de demonstrar o ideal associativo humano em fases anteriores da história até os tempos modernos, partimos de uma conceituação feita por Lawrence Krader[56] sob a evolução das formas de organização sociopolítica, mas centramos nossos esforços na passagem da Idade Média à Idade Moderna, verdadeiro ponto culminante do nascimento do Estado Nacional Moderno, espaço aglutinador dos reinos políticos feudais dispersos na Idade Média.

Percebemos, assim, que o Estado como modernamente conhecemos não foi a única forma adotada ao longo da história para ordenar o convívio social.[57] Diversas posições tentaram colocar em funcionamento a complexa arquitetura do esqueleto social, condensadas aqui em três grandes grupos: (1) governo não organizado em forma de Estado; (2) sociedades com instituições que se aproximam do Estado e (3) civilizações com uma realização complexa e definitiva do Estado.[58]

Governo não organizado em forma de Estado onde as sociedades (associações) se formam buscando preservar a ordem civil, alcançar ob-

---

si mesma, e nunca por causa de algo mais; mas as honrarias, o prazer, a inteligência e todas as outras formas de excelência, embora as escolhamos por si mesmas (escolhê-las-iamos ainda que nada resultasse delas), escolhemo-las por causa da felicidade". (ARISTÓTELES. *Ética a Nicômaco*. Tradução de Mario da Gama Kury. 4ª. ed. Brasília: UnB, 2001, 1, 1094a; 7, 1097 b).

[55] MAQUIAVEL, Nicolau. *O Príncipe*. São Paulo: Martin Claret, 2003, p. 29.

[56] KRADER, Lawrence. *A Formação do Estado*. Tradução de Regina Lúcia M. Morel. Rio de Janeiro: Zahar, 1970.

[57] Mostrando a dificuldade da interação social o Cientista Político H. R. G. Greaves colocava que: "A relação do indivíduo com o meio social constitui uma das formas da dificuldade geral, e até que tenhamos criado uma nova gramática para discutir a interação teremos de representar mal o processo de tornar sujeito e objeto forças igualmente interatuantes". (GREAVES, H. R. G. *Fundamentos da Teoria Política*. Tradução de Ruy Jungmann. Rio de Janeiro: Zahar, 1969, p. 165).

[58] Jorge Miranda referia que "As nações vão se formando durante séculos. O primeiro sinal da tomada de consciência de uma comunidade de si mesma é dar-se um nome, separando os que a ela pertencem dos que lhe são estranhos ou estrangeiros. Os nomes dos países são agora nomes de povos, e não de terras. E outros elementos acrescem ou se acentuam: a língua, a procura de origem comum, a idêntica vivência da religião, os santos e os heróis, o hábito de viver juntos, interesses comuns não puramente locais, a própria idéia de sujeição ao rei. Sentimento nacional existe já, em alguns países, nos séculos XIV-XV" (MIRANDA, Jorge. *Manual de Direito Constitucional*. 6ª. ed. Coimbra: Coimbra, 1997, v. 1, p. 68).

jetivos comuns, com base em princípios de parentesco e de vizinhança. Organizam-se, preponderantemente, pela gerontocracia e têm como principais exemplos os *esquimós*, os *bosquímanos* e os *pigmeus*.[59] **Sociedades com instituições que se aproximam do Estado** possuem contingente populacional mais expressivo, necessitando de um governo atuante. Este foi o caso dos índios *Crow*, os *Shilluk*, os *Kpelle* e *Ankole* (designado pelo autor como Estado emergente).[60] **Civilizações com uma realização complexa e definitiva do Estado** foi o caso do *Egito antigo*, da *Rússia medieval* e da *Tartária*.[61]

Mas voltando os esforços à modernidade, necessário se faz observar as peculiaridades terminológicas da Teoria Geral do Estado. Existe uma sutil – mas profunda – distinção entre as designações da *Unidade Política Antiga* e do *Estado Moderno*. Traduzir por *Estado* os termos *Polis, Res publica, Civitas, Unidade Política,* ou *Regnum,* utilizados na Antiguidade e na Idade Média, é uma tradução senão equivocada, ao menos complacente.[62] Esta peculiaridade terminológica de aglutinação dos reinos dispersos na Idade Média, recebendo o nome de Estado foi percebida pelos publicistas alemães. Assim, manifestou-se, a título de exemplo, Hermann Heller acerca da terminologia Estado anteriormente à era moderna:

> Mesmo que nos limitemos ao propósito de conceber o Estado do presente partindo dos seus pressupostos históricos imediatos e de confrontá-lo com as formações políticas medievais, chamadas então reino ou território, vê-se logo que a denominação 'Estado medieval' é mais que duvidosa. As valiosas correções de Below às concepções jusnaturalistas e, sobretudo, às de Heller sobre o mundo político medieval, são certas em todos os seus pontos. É patente o fato de que durante meio milênio, na Idade Média, não existiu o Estado no sentido de uma unidade de dominação, independentemente no exterior e interior que atuara de modo contínuo com meios de poder próprios, e claramente delimitada pessoal e territorialmente.[63]

O termo *Estado*, em verdade, só é imaginado quando da existência de uma esfera pública autônoma diante da esfera privada, possuindo um corpo *burocrático* de funcionários pagos e mantidos pelo Rei, *concentrado* nas mãos do Rei, com força coercitiva e poder de mando sobre um *território* delimitado, unificando o poder político que no Reino Medieval Feudal se encontrava disperso entre os feudos, formando, assim, uma nação.

---

[59] Cf. KRADER, *A Formação...*, p. 52-56.

[60] Cf. Ibid., p. 56-86.

[61] A evolução do conceito de Governo sem Estado até a forma Estatal é encontrada em Ibid., p. 52-162.

[62] Cf. GOYARD-FABRE, Simone. *Os Princípios Filosóficos do Direito Político Moderno*. Tradução Irene A. Paternot. São Paulo: Martins Fontes, 2002, p. 63.

[63] HELLER, Hermann. *Teoria do Estado*. São Paulo: Mestre Jou, 1968, p. 158.

Estes quatro requisitos – *burocrático, concentrado, territorial e nacional* – designam o Estado Nacional Moderno a partir do final do século XV.[64] Ressalte-se, que território politicamente organizado acima definido como um dos elementos formadores do Estado "não podia ser governado, exceto por intermédio de uma espécie de federalismo, que deixava às unidades locais, grande medida de independência".[65]

O Estado, burocrático, concentrado, territorial, nacional, moderno exerceu este papel de centralização dos reinos. A centralização de Espanha pelo casamento de Fernando de Aragão e Isabel de Castela representou a união desses reinos, o que transformou a Espanha, durante a maior parte do século XVI, na maior potência europeia, uma verdadeira monarquia absoluta. A França, no entanto, nos mostra Sabine, oferecerá:

> Exemplo típico da expansão do poder real altamente centralizado. As primeiras manifestações da unidade nacional francesa, [...] desapareceram em grande parte durante a Guerra dos Cem Anos. Mas, embora esse período de guerras civis e estrangeiras fosse prejudicial à monarquia, revelou-se fatal para todas as demais instituições medievais – comunais, feudais e representativas – que haviam ameaçado sobrepujá-la. Na segunda metade do século XV, ocorreu a rápida consolidação do poder real, que tornou a França a mais unida, compacta e harmoniosa nação da Europa. A Regulamentação de 1439 colocou toda a força militar da nação nas mãos do rei e tornou efetiva sua autoridade ao conceder-lhe o direito de cobrar um imposto, que seria arrecadado nacionalmente, para mantê-la. O êxito da medida revelou-se espantoso e demonstra claramente por que motivo as nações em desenvolvimento estavam dispostas a apoiar o absolutismo real. Dentro de poucos anos, um bem treinado e equipado exército de cidadãos havia sido criado e expulsara os ingleses do país. Antes do fim do século, os grandes feudos – Borgonha, Bretanha e Anjou – se curvavam diante do poder real. Entrementes, os Estados haviam perdido, de uma vez por todas, o poder de lançar impostos e, com isto, a capacidade de influenciar o rei. Este último, por sua parte, consolidara o poder sobre a Igreja francesa. Dos primeiros anos do século XVI até próximo à era da Revolução, o rei tornou-se quase que o único porta-voz da nação.[66]

Da associação mais simples a mais complexa das formas supracitadas, um aspecto deve ser ressaltado: a *celula mater* de toda sociedade foi sempre a família.[67] Todas as comunidades, desde as possuidoras de um grau mínimo ou de um grau máximo de especificidade política partem, necessariamente, do vínculo familiar. Os elementos mínimos formadores da natureza social mesmo que partindo da família, necessitavam, ainda,

---

[64] Cf. SOUZA JUNIOR, Cezar Saldanha. *O tribunal Constitucional como Poder:* uma nova teoria da divisão dos poderes. São Paulo: Memória Jurídica, 2002, p. 29-33.

[65] SABINE, George H. *História das Teorias Políticas*. São Paulo: Fundo de Cultura, 1964, v. 1, p. 326.

[66] Ibid., p. 328-329.

[67] Sobre a família como célula de formação da ordem social ver SIERRA BRAVO, *La persona...*, parte II, capítulo I e II, p. 125-172.

de outras notas tipificadoras para que desse sentido, ou razão de ser a organização político-social. Guido Gonella destaca cinco pontos chaves, dessas organizações juspolíticas:

1) Existência de uma pluralidade de pessoas (o todo depende da parte,[68] não há sociedade, Estado, federação, sem reunião de pessoas. O reconhecimento, ainda, de valores individuais é essencial na formação das sociedades, pois não faltou quem fundamentasse uma visão absolutista entre o que detém o poder e o que por ele é regrado; negando a própria autonomia e liberdade da pessoa);

2) Tendência a um fim natural (a finalidade é a própria razão da ordem; é a busca do soberano bem, ou de um ideal de vida boa; é a razão da convergência das vontades individuais);[69]

3) Laços intrínsecos, e não extrínsecos (unidade interior, coesa, perfeita, involucrada para atingir o fim da ordem social);

4) Unidade do todo na diferenciação das partes (diferentes órgãos o compõem, cada qual desempenhando funções diferentes para sua harmonia);

5) Coligação voluntária e natural, não forçada e fictícia (é um princípio natural e voluntário de consenso, em que a pessoa humana é fundamento, funcionamento e finalidade da sociedade).[70]

É consequência direta e pressuposto primeiro da organização política e social o reconhecimento do princípio da subsidiariedade,[71] princípio anterior e ulterior ao federalismo. Subsidiariedade vem do latim *subsidium*, que significa ajuda, socorro. Foi a partir da Doutrina Social da Igreja – mormente com a Encíclica *Rerum Novarum*, de Leão XIII[72] – que este princípio ganhou relevo e sistematização, sem desconhecer, entretanto, a existência deste desde os clássicos, uma vez que a função de auxílio e subsídio nasce com a própria pessoa.

---

[68] Aristóteles fundamentaria, ainda, que a parte depende do todo, pois "na ordem natural, o Estado antepõe-se à família e a cada indivíduo, visto que o todo deve, obrigatoriamente, ser posto antes da parte. Levantai o todo: dele não restará nem pé nem mão senão no nome, como se poderá afirmar, por exemplo, que a mão separada do corpo não será mão senão pelo nome". (ARISTÓTELES. *Política*. São Paulo: Martins Claret, 2003, p. 14).

[69] Os fins não são dados, são buscados no seio da comunidade política através da *epagogé* (indução) e da *phronesis* (inteligência prática). Aristóteles ressalta: "*deliberamos não sobre os fins, mas sobre os meios, pois um médico não delibera para saber se deve curar, nem um orador para saber se deve convencer, nem um estadista para saber se deve assegurar a concórdia, nem qualquer outra pessoa delibera sobre a própria finalidade de sua atividade. Definida a finalidade, as pessoas procuram saber como e por que meios tal finalidade deve ser alcançada*" (ARISTÓTELES, *Ética...*, 1112 B, p. 55; ver, ainda, CONFORD, Francisco Mac'Donald. *Antes e depois de Sócrates*. Tradução de Valter Lellis Siqueira. São Paulo: Martins Fontes, 2001, p. 31) o que Macintyre complementa: "*Deliberamos sobre o que conduz aos fins, peri tón prôs ta telé, e não sobre os fins*". (MACINTYRE, Alasdair. *Justiça de quem? Qual racionalidade?* 2. ed. São Paulo: Loyola, 2001, p. 104-105 e p. 147).

[70] Cf. GONELLA, *Bases...*, p. 55-61

[71] Por todos, ver: TORRES, Silvia Faber. *O princípio da subsidiariedade no direito público contemporâneo*. Rio de Janeiro: Renovar, 2001, *passim*; BARACHO, José Alfredo de Oliveira. *O princípio de subsidiariedade:* conceito e evolução. Rio de Janeiro: Forense, 1996, *passim*.

[72] DE SANCTIS, *Encíclicas...*, v. 1, p. 13-46.

Pelo princípio da subsidiariedade, tudo o que possa ser feito, e bem, pela organização inferior não pode ser subtraído pela organização superior. Haveria uma hierarquia que poderíamos denominar de baixo para cima, e não de cima para baixo. Neste sentido, o primeiro e principal dever de respeitar e desenvolver o bem comum[73] deve ser da pessoa, depois da família, depois da comunidade, depois do Município, depois do Estado, depois da União e por último, quem sabe, dos Estados estrangeiros ou das organizações internacionais.

Quem está mais próximo da realidade concreta da vida é que melhor pode desenvolver técnicas e utilizar-se dos melhores meios para a consecução dos fins. Assim, entendemos como característica central do federalismo a repartição de tarefas, entre os diversos níveis políticos de convivência. Tal princípio é fundamento do federalismo socionatural, objeto deste capítulo, como também imprescindível para o desenvolvimento dos demais sentidos do federalismo. Ele é pressuposto lógico e teleológico, da base ao topo, de qualquer organização territorial, que vai das sociedades mais primitivas (Esquimós, Aborígines, Pigmeus) às mais complexas.

A sociedade é ainda consensual e conflitiva, pois é da natureza humana discordar sobre os fins e os meios e buscar a concordância acerca destes. De um lado, o *consenso* ajuda a desenvolver o aspecto associativo do humano na medida em que acha pontos consensuais de convivência e de harmonia, de interação e integração, de sociabilidade e alteridade, harmonizando o todo em relação aos *fins* e *valores*. As ideologias dão conteúdo neste processo, formando correntes de pensamento, catalogando as deliberações a serem posteriormente executadas.[74] De outro lado, sociologicamente falando, é do *conflito* e do *dissenso* social que chegamos ao consenso. Em que pese pensarmos a guerra e a discórdia como fator desintegrador da sociedade, a análise de uma perspectiva mais realista não deixa dúvidas de que o próprio desacordo parte de um acordo mínimo

---

[73] Bem comum é o bem de todos, naquilo que todos temos em comum. SOUZA JUNIOR, Cezar Saldanha *Aulas de Teoria de Direito Público do Curso de Pós-graduação em Direito da Universidade Federal do Rio Grande do Sul*, 1.º semestre de 2006.

[74] Uma distinção acerca dos fins do direito, da subsidiariedade do ordenamento em três níveis: fins últimos (valores), fins intermediários (determinação) e fins próximos (concreção) é essencial à compreensão da importância do ordenamento jurídico não somente em um sentido lógico como também teleológico. Para este ponto remetemos o leitor ao artigo de SOUZA JUNIOR, Cezar Saldanha. Direito Constitucional, Direito Ordinário, Direito Judiciário. *Cadernos do Programa de Pós-Graduação em Direito da Universidade Federal do Rio Grande do Sul*, Porto Alegre, p. 7-18, mar. 2005. Ver ainda, Julien Freund que ao analisar a finalidade do político, encontra ele três níveis de funções ou de fins: (1) nível *teleológico*, que determina o objetivo específico do político; (2) nível *tecnológico*, caracterizado pela realização de objetivos concretos; e (3) nível *escatológico* do reino dos fins. (FREUND, Julien. *Qu'est-ce que la politique?* Paris: Sirey, 1965, p. 38).

de grupos, forçando um convívio harmônico depois da guerra, pois é a partir da guerra que se solidificam territórios, do conflito que nascem os acordos e da discórdia que se alcança a concórdia.[75]

A política tem por finalidade harmonizar tais tensões inerentes à sociedade. Busca perfeccionar, perfazer e cortar as arestas das divergências normais da vida política. Colocar em compasso, equilibrar, assim como o maestro coloca em harmonia todo o conjunto, cabe a política colocar em harmonia toda a sociedade. Como as letras formam palavras, e as palavras formam o discurso, a política aglutina interesses, e estes formam maiorias, que expressam o sentir do Estado e do vínculo federativo.

É dessa busca da harmonia do todo com a parte, da individualidade com a sociabilidade que nasce a finalidade da política. Partindo da família e essa interagindo com grupos maiores, na busca de um ideal de vida boa, de amizade cívica, de *eudaimonia*, como dizia Aristóteles, acha-se um consenso mínimo determinante do *modus vivendi* da coletividade. É desta complexidade do existir humano e das suas interações sociais que brotam as grandes dimensões do existir humano: dimensão ética, dimensão artística, dimensão política, dimensão religiosa, dimensão econômica e dimensão científica.

Se a dimensão política parte da natureza associativa do humano para instaurar uma ordem de harmonia, de bem viver na comunidade, esta se abre a interações sociais que transcendem a dimensão política e vão encontrar fundamento nas demais dimensões da pessoa humana. Desta forma, o federalismo não pode deixar de reconhecer este aspecto essencial do humano de se associar e de interagir dentro da comunidade. O estudo do federalismo parte, por conseguinte, de um pressuposto associativo natural da pessoa; considerado aqui, se nossa tese está correta, o seu primeiro momento: federalismo socionatural.

---

[75] O conflito como elemento integrador da sociedade foi bem posto pelo sociólogo Robert Nisbet ao afirmar: "Em suma, se a comunidade, ou a procura de comunidade, é a essência da filosofia social do Ocidente, o conflito é – e tem sido desde o início – o contexto indispensável. Pensamos habitualmente em conflito como algo de efeito desintegrador. Basta um momento de reflexão, porém, para nos recordar que é em circunstâncias de conflito, com forças externas que quase todos os grupos sociais atingem sua mais alta unidade". (NISBET, Robert *Os filósofos sociais*. Tradução de Yvette Vieira Pinto de Almeida. Brasília: Editora Universidade de Brasília, 1982, p. 17. Julien FREUND ia mais longe ao afirmar que: "[...] a inimizade é um pressuposto do político". (FREUND, Julien. *L'essence du politique*. Paris: Sirey, 1965, prólogo). Ver ainda, LAMAS, Felix Adolfo. *La Concordia Politica: Vínculo Unitivo Del Estado y Parte de la Justicia Concreta*. Buenos Aires: Abeledo-Perrot, 1973, especificamente no Capítulo Primeiro, intitulado, *La Discordia como Experiencia Negativa de la Concordia*, p. 23-49.

9. As dimensões do existir humano: articulações necessárias para um *modus vivendi* pacífico

As dimensões do existir humano são formas de articulação e interação das pessoas com o ambiente interior (suas próprias crenças e anseios) e com o ambiente exterior (o mundo que os circunda e os envolve). Essas essências, essas dimensões do existir humano foram apresentadas pelos sociólogos de diversas formas; mas, em síntese, todas e cada uma delas possuem um elo em comum, pois se subsumem em uma única fórmula: buscar as linhas gerais sob as quais podemos expressar todos os fenômenos sociais que completam o homem, na origem e na finalidade, tendo consciência de que as atitudes do homem diante do mundo exterior e os mistérios da humanidade têm sido, ontem e hoje, similares.

Sob o nome de *Teoria das Criações Fundamentais e Irredutíveis da Humanidade ou Classificação dos Fenômenos em Sociologia*, escreveu Silvio Romero, arrogando-se a paternidade em tal matéria, – ao menos no que diz respeito ao tratamento das categorias de modo conjunto – serem sete as *criações fundamentais da humanidade:* (1) ciência; (2) religião; (3) arte; (4) política; (5) moral; (6) direito e (7) indústria.[76]

Conforme este autor, a *ciência* preocupa-se em explicar a multiplicidade dos fenômenos do universo, trabalhando com elementos e fatores da natureza, partindo do raciocínio, chegando à verdade. A *religião*, posição da alma diante do desconhecido, busca as causas primeiras do Universo e seu destino último. A *arte* é produto da imaginação, do sentimento, da busca do belo. A *política* corresponde à realização das aspirações das pessoas, ao ideal a ser buscado, no qual o Estado existe para atingir as peculiaridades de uma determinada sociedade. A *moral* responde aos imperativos da consciência, da dignidade na realização do bem. O *direito* pretende a realização do justo, instituindo normas de convivência à sociedade. Por fim, a *indústria* representa o esforço contínuo do homem na consecução de bens e produtos para suprir as necessidades humanas.[77]

Outros esforços foram despendidos no intuito de demonstrar a complexidade das dimensões do existir humano. Assim, Guido Gonella parte da concepção metafísica da natureza da pessoa para sustentar a existência de uma dignidade religiosa, uma dignidade moral, uma dignidade jurídica, uma dignidade política e uma dignidade econômica do

---

[76] Para uma análise completa das Classificações dos Fenômenos em sociologia, ver: ROMERO, Silvio. *Ensaio de Filosofia do Direito*. São Paulo: Landy, 2001, p. 99-113.

[77] Cf. Ibid., p. 101-106.

humano.[78] Julien Freund, meditando sobre a essência do político, chama a atenção à existência do que ele chamou essências do existir humano: essência política, essência econômica, essência religiosa, essência moral, essência científica e essência artística.[79] O belga Guilherme de Greff reduzia o que estamos chamando neste trabalho de dimensões do existir humano a fenômenos econômicos, fenômenos genésicos, fenômenos artísticos, fenômenos científicos, fenômenos morais, fenômenos jurídicos e fenômenos políticos.[80] Cabral de Moncada[81] utilizou-se das expressões: dimensão artística, dimensão religiosa, dimensão econômica, dimensão científica, dimensão jurídica. Souza Junior, do mesmo modo, identifica uma dimensão econômica, uma dimensão intelectual (filosófica e científica), uma dimensão artística, uma dimensão política, uma dimensão ética e uma dimensão religiosa.[82]

Na linha dos autores supracitados, enxergamos, sem demérito das classificações divergentes, seis grandes dimensões do existir humano, que abarcariam, ontem e hoje, a complexidade da vida humana em todas as suas necessidades; são elas: dimensão religiosa, dimensão artística, dimensão econômica, dimensão científica, dimensão ética e dimensão política.

O ser humano é um ser *religioso*, pois busca, ontem e hoje, uma resposta cabal aos mistérios da humanidade; à sua origem primeira e seu destino último; um sentido às coisas que lhe rodeiam; um fim à sua existência; a origem do universo, do desconhecido, do novo; a existência de Deus como criador. Essas lacunas ou mistérios do existir humano fazem brotar uma busca incessante de soluções, de respostas que possam completar esse vazio. A religião é o campo delimitador desse lento e gradual processo.

O ser humano é um ser *artístico*, pois depende, ontem e hoje, das percepções do belo – o estético; da ordenação dos sentimentos; das sensações; do estado de espírito; da imaginação criadora e especulativa diante das diversidades da existência humana; da comoção do público; da representação da vida e da identidade da pessoa por meio da arte. Todos esses esforços giram em torno da realização do belo. A arte propõe-se tal *desiderato*.

---

[78] GONELLA, *Bases...*, p. 16-51.
[79] FREUND, *L'essence...*, p. 5.
[80] ROMERO, *Ensaio...*, p. 108.
[81] MONCADA, L. Cabral de. *Problemas de Filosofia Política*. Coimbra: Armenio Amado Ed., 1963, p.10.
[82] SOUZA JUNIOR, *A Supremacia...*, p. 24.

O ser humano é um ser *econômico*, pois articula, ontem e hoje, um equilíbrio entre as necessidades candentes de sobrevivência e bem-estar dos indivíduos, com a escassez de recursos. A distribuição, a produção, a industrialização de mercadorias, estão diretamente vinculadas à circulação e à aceitação dos bens produzidos. A sociedade vai do necessário ao útil; do utilizável ao descartável; do principal ao acessório; do confortável ao luxo. A dimensão econômica tem por finalidade o preenchimento deste "vazio".

O ser humano é um ser *científico*, pois depende, ontem e hoje, da busca da verdade. Analisa os fatos componentes da natureza que os circunda pretendendo, na medida do possível, pela racionalidade e inteligência, chegar ao certo, eliminando o incerto. Parte da dúvida, utilizando a sabedoria, para comprovar certezas. Organiza o conhecimento pela multiplicidade de fenômenos envolvidos. Articula observação, experiência, conhecimentos adquiridos, verdades incontestáveis, que somados ajustam a determinação de um fim – verdade. A articulação dos meios (conhecimentos pressupostos) à determinação dos fins (verdade). Essa é a essência da dimensão científica.

O ser humano é um ser *ético*, pois procura, ontem e hoje, a mais elevada dignidade dos valores morais e princípios ideais de sua conduta. A ética é um ramo da filosofia, ou mesmo da teologia que organiza pautas comportamentais, normas técnicas, respeito à dignidade da pessoa, a busca do bem, a consciência da educação, o respeito às instituições, o amor e a solidariedade ao próximo. Estas são apenas algumas das formas pelas quais a moral e a ética agem diretamente nas decisões fundamentais da pessoa.

O ser humano é um ser *político*, pois procura, ontem e hoje, a difícil tarefa de ajustamento das diferentes percepções do bem comum pela comunidade política. Desempenha a árdua tarefa de determinar e harmonizar as aspirações políticas divergentes. Contraria interesses e articula maiorias. Antes de ser a arte do conflito, é arte do consenso.[83] Busca a liberdade, determina o justo, defende a soberania e mostra a necessidade de um campo de unidade da sociedade, independente e superior aos conflitos ideológicos e normais da vida política.

Uma sétima dimensão do existir humano é desenvolvida pelo nosso Silvio Romero: a dimensão jurídica. Entendemos, entretanto, que esta di-

---

[83] A política como união, reunião, associação, consenso foi bem definida pelos clássicos: "A política é a arte de unir os homens entre si para estabelecer vida social comum, cultivá-la e conservá-la. Por isso é chamada de simbiótica". (ALTHUSIUS, *Política*, p. 18 e ss.); Para CICERO: "uma comunidade política é uma reunião de homens associados por um consenso sobre o direito e o compartilhamento do que é útil" (CICERO *A República*. [s.n.t.], I, 25);

mensão brota da combinação e da harmonização do ético e do político.[84] O direito, o justo, leva em consideração de um lado elementos éticos e de outros elementos políticos. Mas o direito não se confunde com a ética e muito menos com a política. Ele dá eticidade à política e politicidade à ética.[85] Serve, apenas, como um campo de contato desempenhando, no fundo, uma ponte entre a ética e a política.[86]

A política e a ética têm um importância maior do que as demais dimensões do existir humano para a existência do federalismo socionatural. A ética – desde Aristóteles – procura harmonizar **verticalmente** a consciência humana ao mais soberano dos fins supremos – *eudaimonia*. Cada ser humano será mais ou menos realizado, dependendo do arranjo próprio do destino que dá a sua vida pela harmonia com as demais dimensões. Mas como a felicidade depende não somente do humano, mas do mundo que o circunda (sendo o ser humano um ser social), não se pode negar que o bem individual está diretamente relacionado ao bem comum.

A política, por sua vez, procura harmonizar **horizontalmente** as dimensões. Como campo do agir humano procura articular um *modus vivendi*, tendo a função primeira de criar as condições, os meios necessários à realização concreta do bem comum. Não cabe a política suplantar, eliminar as demais dimensões, mas harmonizá-las, conciliá-las, integrá-las.[87] A função da política, antes de ser justa, é a de ajustar; antes de ser ética, é de criar um ambiente que evite a corrupção; antes de ser artística,

---

[84] J. Freund entende que "[...] o direito tem por fundamento a moral e a política". (FREUND, *L'essence...*, p. 5).

[85] SOUZA JUNIOR, *Aulas...*

[86] O direito como ponte entre ética e política é de autoria de SOUZA JUNIOR, *A Supremacia...*, p. 33.

[87] Souza Junior, com originalidade, percebe, ainda, três posições antropológicas preponderantes ao longo da experiência sociológica, quais sejam: *fundamentalismo, compartimentalismo e pluralismo*.

Pelo *fundamentalismo* acredita-se que toda visão de mundo (*weltanschauung*) e da existência humana pauta-se em dogmas (verdades absolutas) que negam o debate e fecham-se à viabilidade de um diálogo político com outras tradições. Quanto às dimensões não poderia ser diferente: nega "as autonomias recíprocas [...] e elege uma das dimensões como **substantivamente** determinante" das demais. Existem fundamentalismos dos mais diferentes matizes: cientificismo (supervalorização da ciência); economicismo (supervalorização da economia); eticismo (supervalorização da ética); e politicismo (supervalorização da política).

Pelo posicionamento *compartimentalista* defende-se a independência completa das dimensões do humano, em que cada dimensão tem um campo próprio de atuação e, por reflexo, conduz a uma visão excessivamente sectária da pessoa. Note-se que o sectarismo – intolerante e intransigente – acaba por negar a unidade, a complementaridade, e a própria sociabilidade do humano. A independência absoluta subsume-se, muitas vezes, na eliminação de uma ou algumas das outras dimensões.

Pelo posicionamento *pluralista* as dimensões encontram-se interrelacionadas. Cada uma reserva-se um campo de autonomia própria, mas não se fecha ao diálogo com as demais. A finalidade do pluralismo é conciliar a unidade na multiplicidade. A harmonia do todo (demais dimensões) com a parte (uma das seis dimensões) é a finalidade do pluralismo, que não nega a autonomia delas, mas é ciente da complexidade e da necessidade de interpenetração entre elas. O *pluralismo* está diretamente relacionado – a nosso ver – ao *realismo*, pois a realidade concreta da vida mostra a necessária sociabi-

é de propiciar a arte; antes de ser científica é de incentivar a ciência; antes de ser econômica, é de criar o ambiente salutar de concorrência; antes de ser religiosa ou arreligiosa, é reconhecer a pluralidade de religiões; em síntese, é meio, não fim.

A política sem elementos éticos, perscrutando somente a consecução dos fins pretendidos, é obra do passado e morreu juntamente com o idealizador da autonomia do político frente às demais dimensões do humano: Maquiavel.[88] Hoje, os preceitos da vida humana estão diretamente correlacionados com a ética, com a política e com o direito, reconhecendo neste processo dialógico um devido processo histórico.[89]

A federação a qual estamos dando um sentido socionatural parte do pressuposto da articulação dessas dimensões. O plano institucional da forma organizacional de qualquer Estado é reflexo direto da relação social da parte com o todo e do todo com a parte. A política tem essa prioridade instrumental de articulação não só das demais dimensões do humano, como também é o palco em que se desenrola a cena da repartição territorial do poder. A política designa não somente a articulação das pessoas nas suas dimensões, como também cria um aparato institucional, um quadro funcional, em que as relações da diversidade na unidade ganham regramento e articulação. Mas a finalidade das pessoas e do Estado há de ser um: o bem comum, o qual nos debruçaremos no item seguinte.

10. O bem comum: finalidade do Estado à concórdia política e o sentido da organização associativa do humano

O ideal associativo aparece em todos os momentos da história da humanidade, com a finalidade de promover o bem comum. Cada época – como estamos aqui retratando – achou desenvolvimento teórico e efeti-

---

lidade do humano, a interpenetração natural das dimensões, os pontos de união e coordenação, sem, entretanto, confundi-los. (Ibid., p. 25-26).

[88] MAQUIAVEL, Nicolau. *O Príncipe*. São Paulo: Martin Claret, 2003, *passim*.

[89] Escreveu Franz Von Holtzendorff que "Nos nossos tempos tem-se consciencia mais clara da separação existente entre o direito, a moral e a política, apesar de operarem estas forças simultaneamente sobre o Estado [...]". (HOLTZENDORFF, Franz Von. *Princípios de Política:* introdução ao estudo scientifico das questões politicas da actualidade. Tradução da 2ª ed. Alemã pelo Dr. A. H. de Souza Bandeira. Rio de Janeiro: LAEMMERT, 1885, p. 22-23. Ver, ainda, Tejada: "La justicia es virtud humana, se ha dicho en el número 160, y ello ya sirve para señalar su valor de referencia en el tránsito de lo ético a lo político, en ese saltar de lo vertical a lo horizontal en cuya encrucijada lógica se halla la idea del Derecho". (TEJADA SPÍNOLA, Francisco Elias de. *Introducción al Estudio de la Ontologia*. Madrid: Ibarra, 1492, p. 87).

vidade prática para fundamentá-lo. Assim, o bem comum ganha contornos diversos de acordo com a realidade de cada sociedade.

O bem comum, em sua essência, parte de elementos éticos mínimos, caracterizando o bem de um, o bem de alguns e o bem de todos,[90] incluindo, por consequência, as relações institucionais que formam os mais diversos tipos de associações. A título de maior determinação do conceito, interessante colacionar o exarado na encíclica *Mater et Magistra*, em que o bem comum é dado como o "conjunto das condições sociais que permitem e favorecem nos homens o desenvolvimento integral da personalidade". Não menos importante foi o explicado pelo Papa Pio XII, em sua radiomensagem de natal, em 1942, ao afirmar ser o bem comum "o conjunto de condições exteriores que são necessárias aos homens para o alcance em comum de seus fins lícitos e para o desenvolvimento de sua personalidade".

Há diversidade de fins e diversidade de meios, mas a existência humana, ontem e hoje, divide-se em dois grandes grupos: fins particulares e fins comunitários; fins individuais e fins sociais; ou ainda, fins da parte e fins do todo.[91] Dentre o conjunto de condições sociais que compõem o bem comum, destaca-se, politicamente, a importância da concórdia enquanto um acordo mínimo sobre um interesse geral, verdadeiro, ou reto, articulando, dentro da comunidade, um *modus vivendi* pacífico e harmonizador do fim da parte com o fim do todo.

A concórdia, a amizade cívica, ou *philia* para usar o termo do Estagirita, ganhou contornos diversos no ocidente, partindo da raiz grega (Platão e Aristóteles), passando pelo detalhamento e aprimoramento do pensamento escolástico (Cícero, Santo Tomás de Aquino e Santo Agostinho chegando à ruptura da modernidade com a tradição do pensamento clássico (Hobbes, Locke, Rousseau, Kant e Hume), encerrando na contemporaneidade (Hegel, Marx, Schimitt e José Antonio Primo de Rivera).[92]

Os primórdios do pensamento político grego demonstram um exemplo inicial de discórdia, falta ou carência de um espírito de união; um completo dissenso acerca dos valores fundamentais e dos interesses

---

[90] Bem comum como o "bem de todos, naquilo que todos temos em comum" foi definido por: SOUZA JUNIOR, *A Supremacia...*, p. 27.

[91] Sobre o par conceitual que estamos trabalhando o bem comum Unger referia ser o "conflito entre duas tradições filosóficas que criou as condições para a discussão do problema da ordem social na teoria clássica. Uma delas poderia ser chamada a doutrina do instrumentalismo ou do interesse privado; a outra, a doutrina da legitimidade ou do consenso". (UNGER, Roberto Mangabeira. *O Direito na Sociedade Moderna:* contribuição à crítica da teoria social. Rio de Janeiro: Civilização Brasileira, 1979, p. 33).

[92] Para um estudo pormenorizado da concórdia política, partindo do pensamento clássico, chegando ao pensamento contemporâneo, ver LAMAS, *La Concordia...*, capítulos III – VI.

de uma comunidade política incipiente em sua estrutura sociopolítica. A virtude ou a excelência integral do homem – *kalokagathia*, em grego – no pensamento clássico da época de Homero estava centrada mais na valorização da força física, da coragem, do belicoso do que na força da união, da justiça,[93] do amor e da concórdia entre os povos. O dissenso ateniense se propagaria a toda Grécia, mormente por dois fatores: "de um lado, uma luta sobre o que se entendia por justiça e quais formas políticas eram mais justas; de outro, a luta entre interesses econômicos e políticos das classes oligárquicas e das *classes inferiores*".[94] A desestruturação do arranjo político grego culminou com a expansão Macedônia e do Império Romano, mais pela desagregação e dissenso da *polis* grega; menos pela invasão exterior.[95]

Platão (428-347 a.C.), procurando eliminar as causas da desagregação grega pensa qual deveria ser a virtude, a concórdia e o bem comum da *polis* e do cidadão no espaço do agir em conjunto – público.[96] A virtude da justiça, o amor, a concórdia, o desejo à ordem e a harmonia social conduziria – no pensamento de Platão – à unidade, à coesão e à perfeição da *polis*. Todavia, qual seria a forma de articulação, de costura, desses elementos formadores do ideal de unidade e perfeição da cidade? A quem cabe esta difícil tarefa? Como chegar ao consenso? Platão ficou aquém da solução desses impasses, mas deu, certamente, o primeiro passo na linha evolutiva do pensamento clássico acerca da concórdia. Considerava que a solução destas questões ficava a cargo do político, buscando sempre o interesse comum, a concórdia e a justiça.[97] Ficou devendo, entretanto, uma construção da unidade na multiplicidade da *polis*.[98]

Aristóteles (384-322 a.C.) não considerava a concórdia política como algo ideal (como pensava Platão), mas como algo possível. A unidade sonhada por Platão não era negada pelo Estagirita, ele apenas retirava

---

[93] Tanto que a justiça para Trasímaco não era senão o que convém ao mais forte, ou na expressão Caliclés a força o único título jurídico-natural, e, portanto, o fundamento da justiça. Cf. Ibid., p. 81.

[94] Ibid., p. 79.

[95] Cf. LAMAS, *La Concordia*..., p. 75-80.

[96] O espaço público – diferentemente do espaço privado – era o campo da realização das virtudes do homem. Estava excluído deste campo, portanto, tudo que seja necessário ou útil. A preocupação central estava na ação (*práxis*) e no discurso (*lexis*), dois elementos formadores do que Aristóteles chamava de *Bios politikos*. A força, a hierarquia e a violência não possuíam peso no espaço público, visto que as relações políticas davam-se entre iguais. A virtude, portanto, estava na capacidade de emitir grandes palavras (*megaloi logoi*) em resposta a duros golpes. *Cf.* ARENDT, *A Condição*..., p. 34-35 e p. 40; ver ainda, ARENDT, Hannah. *Entre o Passado e o Futuro*. São Paulo: Perspectiva, [s.d.], p. 45.

[97] Disse Platão: "[...] a verdadeira arte do político não está em cuidar do bem particular, senão do comum – pois o bem comum estreita os vínculos da cidade, enquanto que o particular os dissolve". (PLATÃO. *As Leis*. [s.n.t.] L. IX, 875a).

[98] *Cf.* LAMAS, op. cit., p. 82-93.

o excesso de unidade, reordenando a comunidade de comunidades em um sentido reto, articulando as individualidades, ordenando as aspirações em direção ao bem comum. O fim da cidade é o bem comum, e este depende de uma ordem mínima de justiça,[99] de concórdia, de amizade cívica, de amor, *filia*.[100]

O pensamento cristão enxerga a realidade antiga não a negando, mas atualizando-a. Autores clássicos como Aristóteles e Platão são trazidos a tona, mantendo-se as suas descobertas. O politeísmo é atacado pelo cristianismo, a noção de pessoa humana é tocada pela primeira vez na história, a liberdade ganha vulto, e a responsabilidade pessoal passa a ser assunto da ordem do dia. Cícero e Santo Agostinho – o primeiro pelo lado pagão; o segundo pelo lado cristão – são as figuras marcantes do trânsito do classicismo ao cristianismo medieval.[101]

Para **Cícero** (106-43 a.C.), o melhor e mais sólido vínculo de união de qualquer república tem por base a concórdia. Se governo injusto está para a queda da República, governo justo está para a glória e o sucesso. Mas como se chegar a glória e unidade da República? Como aglutinar e ordenar as partes que compõem o todo, assentando um clima de concórdia, harmonia e justiça? A associação para Cícero não é qualquer reunião de pessoas, mas, essencialmente, um acordo, um consenso, um elo que respeite a justiça e a harmonia, vencendo as particularidades e individualidades normais em qualquer comunidade política.[102]

---

[99] O bem comum está para a justiça assim como a sombra está para a luz. Sem uma justiça que preserve a vida moral, que estabeleça uma regra suprema ética, uma concórdia política mínima e articule o bem viver da *polis*, não há sociedade perfeita. Assim, distingue Aristóteles três espécies de justiça: (1) justiça geral; (2) justiça distributiva e (3) justiça comutativa. Tanto a justiça distributiva, quanto a justiça comutativa reservar-se-iam às relações existentes entre os membros da comunidade. Já a justiça geral aplicar-se-ia, indistintamente, a todos os membros da comunidade. É, entretanto, praticando atos justos que desenvolveremos a justiça. A virtude da justiça é algo a ser desenvolvido dentro da comunidade. Mas o justo (*dikaion*) significa tanto justo legal, quanto justo igual. O justo legal exige conformidade de comportamento à lei. Já o justo no sentido de igualdade é aplicado nas relações de distribuição e comutação de bens. Sobre as espécies de justiça em Aristóteles ver: BARZOTTO, Luis Fernando. Justiça Social: Gênese, Estrutura e Aplicação de um Conceito. *Revista do Ministério Público do Rio Grande do Sul*, Porto Alegre, p. 19-21, 2003.

Outro elemento – mais no efeito, menos na causa – para caracterizar a justiça diz respeito à forma como se pratica atos justos: os praticamos premeditadamente e os praticamos sem premeditação. Os primeiros – passam pelo processo deliberativo; os últimos – realizados sem prévia deliberação. Três espécies de danos resultariam desses atos: (1) os causados na *ignorância*, quando o agente imagina um fim que não pode ser atingido. O sujeito age contrariamente a uma expectativa razoável, o que Aristóteles chama de infortúnio; (2) os causados *conscientemente*, entretanto, de forma não deliberada. Estes atos são considerados injustos, mas isso não significa que os agentes são necessariamente injustos; e (3) os causados *deliberadamente*. A pessoa é injusta e moralmente deficiente. Cf. ARISTÓTELES., *Ética...*, 8, V, 1135b.

[100] A origem grega da palavra *filia* "não se traduz somente como amizade, possuindo, entre outros, o significado de amizade como relação e de amor a alguém". (LAMAS, *La Concordia...*, p. 99).

[101] Cf. Ibid., p. 111-114.

[102] Cf. Ibid., p. 114-118.

Santo Agostinho (354-430), considerando a justiça como pressuposto da concórdia, e ambas constitutivas da República, vê na ausência da justiça, da paz e da concórdia o princípio da guerra civil. O fim da comunidade é a paz e a felicidade, admitindo, no plano internacional, a coexistência harmônica de muitos reinos particulares – *regna plurima gentium*. Destoando, entretanto, do paganismo estoico de Cícero, fundamenta Santo Agostinho a concórdia e a justiça no plano metafísico e teológico. A lei natural procede da ordem divina, não sendo fruto da necessidade, senão da vontade de Deus. A ordem terrena está para a ordem divina, tanto quanto o individual está para o social. Caberá ao amor ser a ponte que une estas duas grandes ordens em que o homem está inserido.[103]

A escolástica medieval, buscando a harmonização, o justo meio entre fé cristã e razão, vai encontrar na pessoa de **Santo Tomás de Aquino** (1225-1274) o ápice desse pensamento. Tocando em profundidade na filosofia clássica, Santo Tomás traz à ordem do dia os grandes temas aristotélicos. Serviu-lhe de supedâneo, ainda, o aporte estoico-ciceroniano, mas, fundamentalmente, o cristianismo agostiniano. A concórdia no pensamento tomista vem a ser a união de vontades.[104] É um acordo sobre interesses comuns, uma amizade fundada na utilidade. É a própria convergência de vontades e apetites. Da mesma forma que Aristóteles discordava de Platão, Santo Tomás entendia que concórdia não implicava diretamente uma união, ou coincidência de opiniões. A concórdia, buscando o justo, atinge a paz. A concórdia sobre a injustiça alcança a guerra, mas a finalidade da guerra só pode ser a paz.[105]

O conceito de bem comum e a concórdia demonstram a natureza social do humano. Mostramos, partindo da pessoa humana e de sua natural sociabilidade, pela articulação das dimensões do humano e pelo ideal de bem comum um primeiro sentido de federação, que estamos chamando de socionatural, ou sentido sócio-histórico do federalismo. George Scelle, bem entendia essa natural sociabilidade do humano, reconhecendo no federalismo um meio de eliminar as adversidades naturais na história dos povos, buscando um perfil comum, um objetivo comum, um desejo de segurança.[106]

Já demonstramos que o ideal associativo-federativo é da própria pessoa, tendo como finalidade o bem comum, cabendo à dimensão ética e

---

[103] Cf. Ibid., p. 118-120.

[104] ST. 2-2, q. 29, a2.

[105] Cf. ST. , 2-2, q. 29, a.2 e 3.

[106] No original, assim referia o professor da Universidade de Paris: "Mais il arrive aussi que lês contrastes et lês oppositions soient neutralisés par um facteur plus puissant: la crainte d'um péril commun, le commun besoin de sécurité" (SCELLE, *Droit...*, p. 192).

à dimensão política ajustá-los. Cabe aprofundarmos agora, em nosso estudo, o coroamento desse primeiro sentido do federalismo no plano doutrinário. Realmente, poucos e esparsos autores mundo afora reconhecem esse ideal socionatural do federalismo. O próprio conceito de federalismo é confundido com o de federação. Infelizmente, o raciocínio jurídico contemporâneo está preso a nomes, a categorias jurídicas ultrapassadas ou falecidas na história constitucional. Ficamos discutindo e usando palavras sem saber o significado que elas comportam, desconhecendo, por completo, a evolução natural dos institutos jurídicos. Então, para encerrar esta primeira parte, esboçaremos o que entendemos por federalismo socionatural.

11. As reminiscências do nominalismo e o federalismo socionatural: as contribuições de Althusius e Proudhon

O *nominalismo*, atitude filosófica defendida na idade média – tendo como precursor Guilherme de Ockham (1280-1349) – inicia uma corrente de pensamento, pela qual "termos consagrados pelo uso comum" são usados como "se contivessem significados bastantes em si mesmos, prontos e acabados, independentes dos fatos da vida".[107] Neste sentido, não há o comprometimento em identificar as categorias trazidas na mente (e entendidas como verdadeiras) com a realidade. Assim, o real é subestimado em favor do ideal.

Assiste razão Jellinek, em tratamento dado ao federalismo, reconhecer não haver:

[...] parte alguma do Direito Público em que se mostre de um modo tão acentuado as conseqüências de julgar o real segundo um tipo ideal abstrato. Por isto é necessário, quando se trata desta doutrina, penetrar de uma forma enérgica, mediante uma investigação indutiva, no material histórico político da realidade, e colocar os tipos empíricos retirados da vida no lugar daqueles conceitos gerais.[108]

Justifica-se, desta forma, a importância de demonstrar os diversos sentidos de federalismo presentes na realidade. Para tanto, abandonaremos, de uma vez por todas, categorias nebulosas e imprecisas trazidas na mente, ou importadas sem mediação histórica de outros países, uma vez

---

[107] SOUZA JUNIOR, Cezar Saldanha. Estudo Introdutório: Em Torno do Sentido do Federalimo. In: SOUZA JUNIOR, Cezar Saldanha; ÁVILA, Marta (Coord.) *Direito do Estado:* estudos sobre federalismo. Porto Alegre: Dora Luzzatto, 2007, p. 10.

[108] JELLINEK, Georg. *Teoria General del Estado.* Tradução de Fernando de Los Rios. Buenos Aires: Albatros. 1954, p. 555.

que estes só atrapalham o consenso, vinculando as discussões e pautando os comportamentos por nomes incompatíveis com a realidade prática.

Necessário se faz traçar uma linha racional-evolutiva dos sentidos do federalismo. Inegavelmente, voltamos às ligas gregas e romanas para comprovar que o primeiro sentido da federação vem a ser o socionatural. A política grega já demonstrava que não somente o aclamado exemplo americano expressaria, absolutamente, o federalismo. Este transcende o tempo e o espaço norte-americano de 1787. Péricles, por exemplo, idealizava uma união de todas as cidades-estados gregas. O federalismo, assim, abstraindo o nominalismo contemporâneo, encontrava-se na base da estrutura política grega e romana, dando sustentação à complexa organização dessas sociedades.[109] Uma viagem ao passado irá demonstrar como o fez Georges Ténékidés, que:

> Si nous jetons un regard sur une carte de la Grèce, celle des VIe, V^e, IVe, e IIIe siècles avant J. C., nous constatons la présence d'une multitude de Cités-États, de Cités indépendantes (j'entends avec tous les attributs de la souveraineté) et fort jalouses de leur indépendance. [...] Au demeurant l'idée fédéraliste est à la base du phénomène politique grec.[110]

Não foram outras as lições de Touchard:

> La formule dans laquelle s'est enfermée la vie politique grecque durant toute la période classique, l'Etat-Cité, n'excluait pas l'existence d'une communauté hellénique sentie comme telle. Les poèmes homériques expriment déjà le sentiment de cette solidarité. C'est cependant aux guerres mediques qu'il revenait de préciser cet éveil de la conscience et de lui donner son contenu. En face de la menace perse, menace barbare contre des Grecs, menace d'une monarchie contre de libres cités, les Grecs exprimèrent par instants leer sentiment de former une communauté de sang, de langue, de mœus et de religion, mais Heródote, en nour rapportant ces propos, témoigne ausis que cette conscience hellénique était incertaine et divisée.
>
> En fait les alliances ont été constamment necessaries l'opinion publique n'a jamais fortement ressenti qu'il y avait là une formule politique qu'il s'agissait de préciser. Elles se limitaient à des pactes militaires que justifiait parfois une amitié traditionnelle exaltée pour la circonstance. Un certain nombre de groupements, plus vastes et plus durables, s'organisèrent sous la pression des circonstances militaires ou économiques, généralement sous l'influence d'une Cité plus prestigieuse, Sparte, Athènes ou Thèbes. Ces ligues ont eu des sorts différents

---

[109] O caráter associativo natural das ligas gregas

[110] Ténékides, Georges. *Le Féféralisme*. Centro de Ciências Políticas do Instituto de Estudos Jurídicos de Nice, ed. P.U.F., 1956, v. 1., p. 215. apud MELLO, José Luiz de Anhaia. *O Estado Federal e suas Novas Perspectivas*. São Paulo: Max Limonad, 1960, p. 19). Esta passagem é referida em artigo sobre a *formação do federalismo clássico* (TÉNÉKIDÈS, Georges. *Le fédéralisme grec du Ve au IIIe siècles avant J.-C.* Paris: Presses Universitaires de France, 1956).

Não foram outras as lições de Touchard, demonstrando a necessidade das alianças, geralmente sobre a influencia de uma cidade mais prestigiosa, *in verbis*: "En fait les alliances ont été constamment nécessaries mais l'opinion publique n'a jamais fortement ressenti qu'il y avait là une formule politique qu'il s'agissait de préciser. Elles se limitaient à des pactes militaires que justifiait parfois une amitié tradi".

> selon la nature des liens qui les unissaient. La ligue péloponnésienne, dirigée par Sparte, est presque constamment restée une alliance militaire sous l'hégémonie spartiate. La ligue maritime athénienne fondée après les guerres mediques a évolué vers une forme originale, les Cités alliées ayant petit à petit été réduites à un statut subordonné ou leur indépendance de droit était en fait entamée par des pratiques comme le tribut annuel dont Athènes finit par disposer souverainement, les pressions exercées pour établir dans ces Cités une démocratie plus ou moins calquée sur celle d'Athènes, l'installation de clérouquies ou colonies de soldats athéniens aux points stratégiques, l'évocation des causes judiciaires devant les seuls tribunaux d'Athènes, la direction sans controle de la politique extérirure de la ligue par les seuls Athéniens. En réalité, la ligue s'était lentement transformée en un Empire. Les Spartiates, après s'être posés en champlion de l'indépendance, reprirent à leer compte une fois vainqueurs les mêmes pratiques, et pareillement les Thébains lorsqu'ils profitèrent de la décadence spartiate. Il semblait qu'il y eût là une forme d'évolution inévitable.[111]

O império romano expandia seu território pela anexação militar dos territórios vizinhos, mas, sempre respeitando os costumes e as leis locais, podemos dizer, federando, de certa forma, o território recém-conquistado. Outra característica federativa da antiguidade podemos encontrar no século IV a.C., na Liga Latina, Liga Hérnica e Liga Etrusca. Temos, ainda, o exemplo da Liga Aqueana, considerada a primeira confederação anotada de nossa história.

Claro que longe estamos da perfeição do sistema de federalismo racional-institucionalizado dos períodos de Montesquieu e Rousseau; menos, ainda, do federalismo republicano de sabor norte-americano, ou do modelo de federalismo de Império da Alemanha. No fundo, todos e cada um desses sentidos do federalismo vão se abeberar em uma mesma fonte: na possibilidade de sucesso interior; ou na viabilidade de defesa exterior, fator tão antigo quanto a própria existência humana. Destacam-se, neste *desiderato*, dois autores clássicos do pensamento político federativo: Althusius e Proudhon.

Althusius (1557-1638) é o precursor do federalismo moderno. Representa um ponto culminante do pensamento social medieval e divisor de águas para as ideias políticas modernas.[112] O mais profundo pensador político entre Bodin e Hobbes.[113] Calvinista por religião, apegado, entretanto, ao pensamento social medieval; estava fortemente vinculado à escola espanhola de Salamanca, de onde floresceriam autores como Francisco Suarez *et alii*.

---

[111] TOUCHARD, Jean. *Histoire des Idées Politiques:* des origines au XVIIIe siècle. Mayenne: Presses Universitaires de France, 1975, p. 44-45.

[112] Assim se manifestava Gierke. (CARNEY, F. S. *Política de Johannes Althusius*. Rio de Janeiro: Topbooks, 2003, p. 9).

[113] Cf. Ibid., p. 10.

Arraigado ao pensamento político clássico, mormente em Aristóteles e Cícero; vai fundamentar a política em um complexo arranjo institucional associativo que parte da *pessoa*, passando pela *família* e pelo *collegium* (associação civil), reunidos formam as *cidades*, estas conveniadas resultam na *província*; e, por fim a comunidade, união conveniada de províncias. Todo este arcabouço institucional que vai da pessoa à comunidade, da base ao topo, é organizado em *níveis naturais* de interação e *relações recíprocas*, respeitando, entretanto, as autonomias desses campos delimitados, evidenciando a dinâmica do princípio da subsidiariedade, elemento-chave do federalismo socionatural.[114]

Foi Síndico da cidade de Emden, durante 34 anos, podendo, exercer na prática, a política que esboçava em teoria. Utilizava-se do método indutivo, para unir os homens e estabelecer um vínculo social entre eles, o que denominava de *symbiosis*.[115] Para ele, a Política, no fundo, seria "a arte de reunir os homens para estabelecer vida social comum, cultivá-la e conservá-la. Por isso é chamada de 'simbiótioca'. O tema da política é, portanto a associação (consociatio), na qual os simbióticos, por intermédio de pacto explícito ou tácito, se obrigam entre si à comunicação mútua daquilo que é necessário e útil para o exercício harmônico da vida social".[116]

A contribuição de Althusius para a teoria moderna e contemporânea da federação é hoje incontestável. O reflexo de seus estudos apagou-se, de certa forma, do cenário político internacional, pois o federalismo nascente estava fortemente vinculado ao princípio do individualismo, contrário, portanto, teoria de Althusius. Apenas recentemente – comprovado os exageros do liberalismo desenfreado[117] – os cientistas políticos têm voltado os olhos à teoria política de Alhusius, em especial destaque Gierke no século XIX e Friedrich no século XX. Assim que, Elazar, profundo conhecedor do pensamento althusiano, termina o prefácio da edição inglesa da *Política* na expectativa de descobrirmos outras contribuições do Autor para o pensamento moderno, pois, como ele mesmo afirmou: "as idéias

---

[114] Interpretando o pensamento de Althusius, escreveu Touchard: "Couronnant la pyramide, l'Etat se presente comme une fédération de régions et de villes autonomes, mais Althusius insiste sur son unité nationale, 'unus populus in unum corpus sub uno capite'. L'Etat n'ajoute pás seulement um dégré aux degrés précédents, il est la communauté symbiotique intégrale, qui possède une 'suffisance universelle'. Althusius a besoin de marquer fortement l'importance de ce seuil pour retrouver la souveraineté, attribut spécifique de l'Etat: il a lu Bodin. Mais le parallélisme avec les échelons inférieurs est maintenu parce que la souveraineté appartient à la communauté elle-même, non à son chef". (TOUCHARD, *Histoire*..., p. 295).

[115] A associação simbiótica é um misto, um equilíbrio entre a necessidade social e a volição social. Cf. CARNEY, op. cit., p. 21.

[116] ALTHUSIUS, *Política*, p. 103.

[117] As vantagens e desvantagens do liberalismo político podem ser encontradas Consensus e tipos de Estados no Ocidente...

althusianas parecem mais bem situadas na época pós-moderna, com suas redes políticas mais atualizadas, sua renovada consciência dos grupos primordiais e das associações políticas como partes e parcelas da vida política contemporânea, e sua luta séria tanto pelo federalismo como pelo particularismo, ecumênico e comunitário".[118]

Alhures, não menos importante que Althusius, salta aos olhos a figura de Proudhon (1809-1865), que criticando "l'immoralité de la politique unitaire"[119] e a forte influência nas massas "d'une théorie destrutive de toute individualité",[120] vê, na política, o ambiente natural de superação do centralismo estatal, defendido à época pelos socialistas.[121] Reforçando um federalismo socionatural, que pela interação e integração, baseado na pluralidade dos grupos com natureza e objeto distintos, inibe a ação unitária e centralista dominante, sustentando uma organização política mais justa, equilibrada e dinâmica dos grupos, distribuindo a soberania para neutralizar os efeitos normais da desigualdade. O Estado no pensamento proudhoniano é abertamente uma federação de grupos; interagindo, do centro à periferia, abraçando, não somente o Estado soberano, mas ao federalismo no domínio internacional.[122]

Proudhon, dedicando-se à política estrangeira, chegou a tomar partido na guerra italiana de 1859; justamente na época em que o tema da unificação italiana estava na ordem do dia. Surpreendentemente, e para escândalo dos democratas unitários[123] da época (jacobinos), manifestar-se-ia Proudohn contrariamente à unidade italiana, ao fundamento de que grandes unidades políticas e centralizadas só viriam em desprestígio dos indivíduos e dos grupos naturais da comunidade política, reforçando, por completo, o ideal socionatural do federalismo,[124] prestigiando,

---

[118] ELAZAR, D. J. *Política de Johannes Althusiu*. Rio de Janeiro: Topbooks, 2003, p. 63.

[119] PROUDHON, Pierre-Joseph. *Du Principe Fédératif et de la Nécessité de Reconstituer le Parti de la Révolution*. Paris: Librairie Internationale, 1868, p. 8.

[120] Ibid., p. 8.

[121] Ver, SOUZA JUNIOR, Cezar Saldanha. Estudo Introdutório: Em Torno do Sentido do Federalimo. In: SOUZA JUNIOR, Cezar Saldanha; ÁVILA, Marta (Coord.) *Direito do Estado*: estudos sobre federalismo. Porto Alegre: Dora Luzzatto, 2007, p. 14.

[122] Ver, TOUCHARD, Jean. *Histoire des Idées Politiques*: Du XVIIIᵉ siècle à nous jours. Mayenne: Presses Universitaires de France, 1975, p. 570.

[123] O qualificativo democrata de nada valia para Proudhon, pois: "[...] être unitaire, aux yeux de Proudhon, c'est retrograde, l'étiquette de démocrate n'y fait rien. Le progrès ne saurait être, aux yeux du doctrinaire de l'anarchie, du philosophe de la Justice, dans la direction des unifications et des restaurations nationales, dans l'accroissement du nombre des États centralisés et capitalistes". Cf. CHEVALLIER. J. J. *Le Fédéralisme*: le féféralisme de Proudhon et de ses disciples. Paris: Presses Universitaires de France, 1956, p. 106.

[124] Em outro lugar, Proudohn demonstra o caráter associativo dos grupos naturais da comunidade política; ver Chevallier: "Feuilletons le volume qui rassamble sous le titre Constradictions politiques divers écrits de circonstance. Nous y trouvons accentuée cette notion de groupes naturels, de la fa-

no fundo, a união dos pequenos grupos, sem, entretanto, absorvê-los. Proudohn chegara a ser profético em sua forma de federação política no sentido da descentralização, ao afirmar, categoricamente: "Le XXᵉ siècle ouvrira l'ère des fédérations, ou l'humanité recommencera un purgatoire de mille ans".[125]

O federalismo socionatural comprova-se pela associação humana, em suas primeiras bases. Partiu da pessoa humana (ser totalmente individual, ser totalmente social). Passou pelo ajustamento da ética e da política para a consolidação da concórdia, respeitando as demais dimensões do existir humano. Destacou a importância do princípio da subsidiariedade como meio integrador de todos os níveis de interação social. Para convergir no anseio de toda e qualquer comunidade política: o bem comum. Assim podemos dizer que o conceito do federalismo socionatural comporta um ideal associativo sustentado em três pilares: (1) na pessoa humana, como *fundamento*; (2) na dinâmica do princípio da subsidiariedade, como *funcionamento*; e (3) na busca do bem comum, pela concórdia política, como *finalidade*.

De todo o exposto, concluímos que o pensamento sociofederativo resta apagado de nossa história, uma vez que as teorias políticas são pensadas a partir do conceito de Estado. Em realidade, a ênfase despendida nos pensadores políticos mencionados não exclui, nem o poderia, todos os clássicos do pensamento político anteriores a eles.[126] Assim, Aristóteles, Santo Agostinho e Tomás de Aquino contribuíram, cada um a sua maneira, para um ideal associativo. Talvez as conclusões as quais chegaram não tenham tantos reflexos no federalismo quanto deveriam, pela completa ausência do conceito moderno de Estado na Antiguidade e na Idade Média.

Após a criação do Estado Nacional Moderno, o federalismo socionatural serviu de base às novas teorias acerca do federalismo. Os níveis naturais de convívio social foram transplantados e institucionalizados em instrumentos jurídicos. Os pensadores políticos (abaixo trabalhados) subdividiram territorialmente o poder por um processo racional de intervenção no federalismo socionatural, alocando competências legislativas, executivas e tributárias em diferentes esferas.

---

mille à la cité et à la province, qui ont droit à une pleine et entière autonomie, qui sont souverains: ils peuvent bien s'unir, se fédérer en groupes supérieurs pour la garantie de leurs intérêts et le développement de leur richesse, mais sans que ces groupes supérieurs puissent jamais devenir 'de nouveaux Molochs' devant lesquels les groupes naturels devraient abdiquer jusqu'à 'L'immolation'". (Ibid., p. 114-115).

[125] Cf. Ibid., p. 111-112.

[126] O próprio Althusius vai buscar suas fontes na teoria clássica, mormente na teoria política de Aristóteles combinada com o direito natural de Cícero. (CARNEY, *Política...*, p. 36).

Segunda Parte
O federalismo enquanto ideal de organização do poder

> Et ici, c'est, d'une façon très exacte, dans Montesquieu encore, que l'on va trouver l'une des premières théories de *l'État federal*, ou plus exactement de la Confédération. Sous le titre Des lois dans les rapports qu'elles ont avec la force defensive, Monstesquieu se place en presence du problème de la "dimension". Ici encore on retrouve une constante sur laquelle tout le monde est d'accord au XVIIIe siècle: c'est que la République exige nécessairement un État de petite dimension.[127]
>
> *Georges Vedel*

12. A República Federativa: solução de Montesquieu à grandeza da Monarquia e à pequeneza da República

O federalismo racionalizado surge na queda da idade média e no alvorecer da era moderna, com a centralização política do poder anteriormente disperso entre os diversos feudos. A descentralização territorial encontra um laço forte nas monarquias modernas nascentes, concentrando, nas mãos do Rei Nacional Moderno, praticamente todas as funções exercidas pelos senhores feudais, em cada feudo; vale dizer, a função de última instância, a função governativa, função executiva, função judicial e a função administrativa alocadas em um único território soberano.[128]

A centralização do poder político engendrou diminuir a complexidade feudal; delimitar um espaço público distinto do privado; construir a unidade de legislação bem como a administração por um corpo burocrático de funcionários mantidos pelo Rei, fundamentando um poder

---

[127] VEDEL, Georges. *Le Federalisme:* les grands courants de la pensée politique et le fédéralisme. Paris: Presses Universitaires de France, 1956.

[128] Sobre a concentração das funções até então dispersas nos feudos, nas mãos do Rei Nacional Moderno, ver: SOUZA JUNIOR, *O Tribunal...*, capítulos 1º e 2º.

de caráter físico, unilateral, centralizado e autônomo, que, na medida do possível, suplantasse a dispersão ocorrida na Idade Média, pois, era preferível, segundo Bodin, *dans les Six Livres de la République, publiés en 1576*: "la souveraineté du monarque au chaos de la féodalité: 'Tout ainsi que la navire n'est plus que bois sans forme de vaisseau quand la quille qui soutient les cotes, la proue, la poupe, le tillac, sont ôtés, ainsi la République, sans puissance souveraine qui unit tous les membres et tous les collèges d'un corps, n'est plus rien'".[129] Toda a configuração exposta acentuava o absolutismo nascente.[130]

A centralização do poder político ganhou relevo no pensamento do século XVIII, no qual se discutiram os riscos da monarquia centralizadora cair no despotismo. A República, pelo contrário, estava imune a este infortúnio; pois, de menor extensão territorial, não correria os riscos de uma administração de tamanhos continentais, pois o que toma as decisões em relação ao todo é facilmente fiscalizável, sofrendo, diretamente, as consequências de seu ofício. O risco da república não é perder-se para o centro, mas fundamentalmente a fragilidade, ou mesmo a facilidade com que seria invadida por uma força externa.

De tamanho reduzido, a república é facilmente invadida por uma república maior ou por uma monarquia de tamanho médio ou de tamanho continental. Este foi, no fundo, o sentimento do século XVIII: proteger a república da força externa e evitar que as monarquias caíssem nos desígnios despóticos da força interna. A "federação", associação ou união de repúblicas, parecia ser, à época, a solução para este problema: conciliando as vantagens da república e as vantagens da monarquia, e, a contrario *sensu*, eliminando os vícios de ambas. Montesquieu, sem dúvidas, desponta neste processo.

Charles-Louis de Secondat Barão de Montesquieu (1689-1755),[131] escritor e filósofo francês (em decorrência da morte de seu tio), tornar-se-ia

---

[129] BODIN *apud* VEDEL, Le Federalisme..., p. 33.

[130] Em verdade, eram as ideias políticas da época que eram absolutistas. Históricamente e politicamente este poder encontrava limites, pelos costumes, tradições, privilégios das corporações, pela própria Igreja. (SOUZA JUNIOR, O Tribunal..., p. 33-34).

[131] Nasceu no Palacete de *la Brède*, perto de *Bordéus*, em 18 de Janeiro de 1689; e morreu em Paris, em 10 de Fevereiro de 1755. Casou-se com uma calvinista francesa, em 1715. Escreveu várias obras – Causa da Grandeza dos Romanos e da sua decadência, Cartas Persas –, mas engendrou todos seus esforços no que viria a ser o seu grande clássico: O Espírito das Leis, publicado em 1748, em dois volumes, em Genebra, obra da qual nasceria, no livro IX, Capítulo I, a expressão república federativa (*république fédérative*), utilizada no Brasil, por primeiro, na constituição de 24 de Janeiro de 1967 (art. 1º) e, atualmente, no art. 1º da Constituição da República Federativa do Brasil de 1988. Ver, CAMPANHOLE, Hilton Lobo; Adriano. *Tôdas as Constituições do Brasil*. São Paulo: Atlas, 1971, Souza Junior refere que a expressão batizada por Montesquieu de *république fédérative* é de extrema importância para o Brasil, "*pois integra o nome oficial do País desde o texto original da Constituição de 1967*". (SOUZA JUNIOR, Cezar Saldanha. Estudo Introdutório: Em Torno do Sentido do Federalimo. In: SOUZA

barão de Montesquieu e presidente no Parlamento de Bourdéus, cargo que renunciaria em 1726. Especificamente no livro nono do Espírito das Leis, preocupou-se da força defensiva que possuem os Estados, iniciando o capítulo I por uma justificação da forma pela qual as repúblicas proveem à sua segurança. Para ele, tanto a monarquia, quanto a república, possuem vantagens e desvantagens. A *república*, sendo pequena, facilmente seria invadida por uma força externa; mas a sua pequeneza favoreceria a excelência no governo interno.

A *monarquia*, por sua vez, detentora de vasto território, dificilmente seria invadida por uma força externa, mas, inequivocamente, perder-se-ia para o centro, em razão da dificuldade de administração interna do seu grande território. O espírito da monarquia é a guerra e o crescimento; o espírito da república é a paz e a moderação. Como harmonizar as vantagens internas do governo republicano com a força exterior da monarquia? A solução genial e simples de Montesquieu veio a ser *federar as repúblicas*. Evitando falhas e vícios, recorrendo ao original, ouçamos o próprio:

> Se uma república for pequena, ela será destruída por uma força estrangeira; se for grande, será destruída por um vício interior.
>
> Este duplo inconveniente infecta igualmente as democracias e as aristocracias, sejam elas boas ou más. O mal está na própria coisa; não há nenhuma forma que possa remediar.
>
> Assim, parecia muito provável que os homens fossem afinal obrigados a viver sob o governo de um só, se não tivessem imaginado uma forma de constituição que possui todas as vantagens internas do governo republicano e a força externa da monarquia. Estou referindo-me à república federativa.
>
> Esta forma de governo é uma convenção segundo a qual vários Corpos políticos consentem em se tornar cidadãos de um Estado maior que pretendem formar. É uma sociedade de sociedades, que formam uma nova sociedade, que pode crescer com novos associados que se unirem a ela. [...]
>
> Este tipo de república, capaz de resistir à força externa, pode manter-se em sua grandeza sem que o interior se corrompa: a forma desta sociedade previne todos os inconvenientes.
>
> Aquele que pretendesse usurpar não poderia ser igualmente aceito em todos os Estados confederados. Se se tornasse poderoso demais em um deles, alarmaria todos os outros; se subjugasse uma parte, aquela que ficasse livre ainda poderia resistir-lhe com forças independentes daquelas que ele teria usurpado e derrotá-la antes que tivesse terminado de se estabelecer. [...]
>
> Composto por repúblicas, goza da excelência do governo interior de cada uma; e, quanto ao exterior, possui, pela força da associação, todas as vantagens das grandes monarquias.[132]

JUNIOR, Cezar Saldanha; ÁVILA, Marta (Coord.) *Direito do Estado:* estudos sobre federalismo. Porto Alegre: Dora Luzzatto, 2007, p. 15).

[132] MONTESQUIEU. *O espírito das leis.* Apresentação Renato Janine Ribeiro; tradução Cristina Murachco. 3.. ed.. São Paulo: Martins Fontes, 2005, p. 141-142.

Assim, a república federativa como forma organizacional dos Estados pode ser condensada em oito grandes pontos: (1) aquele que pretendesse usurpar seu poder não seria aceito pelos demais Estados confederados, ou, ainda, repelido pelas repúblicas-membros; (2) se uma república se tornasse muito poderosa, chamaria rapidamente a atenção das demais, evitando tal mal, ou controlando a sua expansão; (3) se uma república subjugasse outra parte, as demais partes livres poderiam resistir-lhe e derrotá-la, antes mesmo que tivesse terminado de se estabelecer; (4) se abusos se introduzirem em uma parte, poderão ser corrigidos pelas partes sãs; (5) o perecimento de um lado não necessariamente pereceria o outro; (6) a confederação pode ser dissolvida, e os confederados permanecerem soberanos; (7) os associados teriam uma proporcionalidade no exercício do poder, influindo na quantidade dos votos, no sufrágio, na eleição dos juízes e dos magistrados, demonstrando, claramente, um tratamento diferenciado às repúblicas maiores e às menores, segundo um critério de proporcionalidade;[133] e (8) o consentimento mútuo como requisito necessário à aliança das repúblicas.[134]

Em que pese Montesquieu ter desenvolvido a teoria da república federativa, a Teoria do Estado e do Direito Constitucional continuam interpretando o federalismo a partir do exemplo constitucional norte-americano, datando sua origem justamente na passagem da confederação à federação, em que as antigas treze colônias inglesas da América do Norte deixaram de ser confederadas para formar uma união mais estável, um laço mais justo, um pacto mais duradouro.[135] Fato, entretanto, que nos intriga e assusta é a total omissão de um sentimento federalista anteriormente à realidade americana.

Se compulsarmos, por exemplo, os manuais sobre Direito Constitucional e Teoria do Estado, bem como livros especializados sobre o tema, praticamente todos utilizam-se da experiência dos Estados Unidos da

---

[133] Montesquieu dizia, por exemplo, ser "difícil que os Estados que se associam sejam da mesma grandeza e possuam igual poder. A república dos lícios era uma associação de vinte e três cidades; as grandes tinham três votos no conselho comum; as medianas, dois; as pequenas, um. A república da Holanda é composta por sete províncias, grandes ou pequenas, que possuem um voto cada". (MONTESQUIEU, *O espírito...*, p. 143).

[134] Cf. Ibid., Liv. IX, Caps. I, II e III.

[135] Este, no fundo, o sentimento expressado já no preâmbulo da Constituição dos Estado Unidos da América: "we, the people of the United States, in order to form a more perfect Union, establish justice, insure domestic tranquility, provide for the common defence, promote the general welfare, and secure the blessings of liberty to ourselves and our posterity, do ordain and establish this Constitution for the United States of America" texto extraído com pontuação modernizada do apêndice da obra de MUNRO, Willian Bennett. *The Constitution of the United States*: a Brief and General Commentary. New York: Macmillan, 1947, p. 167.

América para explicar o federalismo.[136] O próprio Machado Horta,[137] notável pelo estudo do federalismo no Brasil, em seu *Direito Constitucional* dedica mais de duzentas páginas ao federalismo, sem citar, uma vez sequer, Althusius, Montesquieu e Rousseau (a seguir trabalhado).

Não somente isto, quando os autores retomam o pensamento antigo, referem às ligas ou *sinoikias* délica, anfictiônica, helênica e acaiana da Grécia antiga; a "aliança eterna" (*ewige Bund*) dos Cantões suíços nos séculos XIV e XV; a União de Utrecht (1569) entre as sete províncias do norte dos Países Baixos; ou, ainda, ao Sacro Império Romano Germânico,[138] sem, entretanto, buscar as verdadeiras origens do federalismo: a própria sociabilidade do humano, ou a necessidade de proteção do território, em que repúblicas federam-se para proteção e gerenciamento administrativo de grandes extensões territoriais, que estamos chamando de federalismo pactista-contratual.

Cabe ainda destacar que, um dos maiores comentadores de Montesquieu, o sociólogo Raymond Aron, trabalhando sua monumental *As Etapas do Pensamento Sociológico*, abre-a pela análise do autor que ele entendeu ser o fundador da sociologia – Montesquieu. Inicia pela teoria política, passa da teoria política à sociologia, analisa os fatos e os valores concretos, termina com as interpretações possíveis sem, contudo, referir, uma vez sequer, ter sido Montesquieu o criador, o fundador, mesmo que em teoria, da república federativa.[139] Passa, por certo, despercebido deste sociólogo, como também passou para a maioria dos tratadistas da Teoria Geral do Federalismo.

Buscamos, entretanto, além de no próprio Montesquieu, uma luz que nos levasse a confirmação da teoria que estamos constatando. Encontramos, mesmo que sumariamente, três autores que sustentaram o pio-

---

[136] Ver, apenas a título de exemplo: SANTIAGO, Myrian Passos. *Pacto Federativo:* o modelo federal *dos Estados Unidos da América e suas Mutações*. Belo Horizonte: Mandamentos, 2000, capítulo 2; BERCOVICI, Gilberto. *Dilemas do Estado Federal Brasileiro*. Porto Alegre: Livraria do Advogado, 2004, p. 11-22; BONAVIDES, Paulo. *Teoria do Estado*. 5. ed. São Paulo: Malheiros, 2004, p. 173-189; JACQUES, Paulino. *Curso de Direito Constitucional*. 10ª. ed. Rio de Janeiro: Forense, 1987, Título VI, Capítulo XXX; ou mesmo um clássico, como WHEARE, ao afirmar que "the modern idea of what federal government is has been determined by the United States of America". (WHEARE, K. C. *Federal Governement*. Oxford University, 1964, p. 1)

[137] MACHADO HORTA, Raul. *Direito Constitucional*. Belo Horizonte: Malheiros, 2003, p. 305-529.

[138] Ver, por exemplo, LOEWENSTEIN, Karl. *Teoria de la Constitucion*. Tradução de Alfredo Gallego Anabinarte. 2. ed. Barcelona: Ariel, 1976, p. 354-5; ou, ainda, BARROSO, Luis Roberto. *Direito Constitucional Brasileiro:* o problema da federação. Rio de Janeiro: Forense, 1982, p. 6-9.

[139] ARON, Raymond. *As Etapas do Pensamento Sociológico*. Tradução de Sérgio Bath. São Paulo: Martins Fontes, 2003, p. 3-81.

neirismo de Monstesquieu no tratamento deste tema: Vedel,[140] Croisat[141] e Souza Junior.[142]

Vedel, na esteira do que estamos sustentando, volta a Montesquieu para explicar como remediar a debilidade da república e a grandeza da monarquia, para afirmar, categoricamente: "[...] d'une façon très exacte, dans Montesquieu encore, que l'on va trouver l'une des premières théories de **l'Etat fédéral** [...]"[143] (negritos nossos). Propõe, ainda, uma leitura não somente do Livro IX, essencial à compreensão da república federativa, mas uma revisitada ao Livros II, capítulo IV, e Livro VIII, capítulo VI, para tomar consciência da importância dos poderes intermediários (nobreza e clero) como limitadores do governo monárquico, auxiliando ao combate dos violentos governos despóticos. Termina, enfim, Vedel, atribuindo à teoria federativa de Montesquieu três proposições: (1) a federação deve unir Estados de mesma natureza, de mesmo regime político e de forma republicana, pois o espírito republicano é mais apropriado à federação do que o monárquico; (2) a renúncia da soberania externa pelos Estados-membros; e (3) a necessidade de um órgão permanente dotado de poder para tomar as decisões majoritárias, buscando, sempre, a maior integração possível.[144]

Croisat reconhecia que a palavra (federalismo) não aparece no vocabulário do pensamento político da antiguidade grega. Afirmava serem as Ligas das cidades gregas uma das primeiras experiências associativas, para atingir objetivos comuns, sejam eles militares, diplomáticos, comerciais ou desportivos. Igualmente remetem ao vínculo associativo, segundo Croisat, as alianças de sangue entre as pessoas, os clãs e as tribos. Reserva, entretanto, a Althusius, o pioneirismo teórico do federalismo, pois transformou a hierarquia feudal em uma forma moderna de um federalismo constitucional, costurando, da base ao topo, relações de associação e dependência. Termina a percepção do federalismo, confirmando nossa tese e citando Montesquieu como um "grand auteur qui parle de la république fédérative em ces termes[...]".[145]

Souza Junior, em trabalho recente (*em torno do sentido do federalismo*), volta a Montesquieu para fundamentar as primícias da república fede-

---

[140] VEDEL, *Le Federalisme...*, p. 36-40.

[141] CROISAT, *Le fédéralisme...*, p. 13.

[142] SOUZA JUNIOR, Cezar Saldanha. Estudo Introdutório: Em Torno do Sentido do Federalimo. In: SOUZA JUNIOR, Cezar Saldanha; ÁVILA, Marta (Coord.) *Direito do Estado:* estudos sobre federalismo. Porto Alegre: Dora Luzzatto, 2007, p. 15-17.

[143] VEDEL, op. cit., p. 38.

[144] Cf VEDEL, *Le Federalisme...*, p. 39-40.

[145] CROISAT, *Le fédéralisme...*, p. 11-13.

rativa. Se o federalismo em sua primeira acepção, como sustentado pela doutrina majoritária, vem a ser o clássico-liberal, a base teórica de sustentação está mais no *De L'Esprit des Lois* de Montesquieu, menos no *"The Federalist Papers"* de Hamilton, Madison, Jay.[146] A federação, pelos ideais liberais vigentes à época, antes de ser socionatural, como no período *clássico*, prevê um processo racional de intervenção no federalismo, no período *moderno*. A federação passa a ser "um resultado de uma ação corretora da razão sobre uma realidade natural adversa, corrigindo o seu curso, a partir de um cálculo de custo-benefício (utilidade), em proveito da liberdade dos indivíduos".[147]

Cabe, por fim, desenhar o quadro político de inspiração de Montesquieu. E, para tanto, não há dúvidas, que a sociedade de sociedades, os corpos políticos que consentiram formar um Estado maior foram inspirados, tanto nas cidades-Estados gregas, quanto nas associações Romanas (associação do Danúbio e do Reno), mas, essencialmente, nos Estados modernos nascentes: Holanda, Alemanha e as Ligas Suíças, que, segundo Montesquieu, "são vistas, na Europa, como repúblicas eternas".[148] Inspira-se, ainda, no exemplo de Portugal e Espanha (países de dominação clerical forte), pois o clero organizado, compondo o que ele chamava de canais médios (*canaux moyens*), era obstáculo ao governo monárquico-despótico.

Se o federalismo não for tão antigo quanto a própria humanidade, ou se o ideal de federalismo socionatural, que sustentamos no capítulo primeiro, não existe desse a Antiguidade, uma coisa, entretanto, não se pode negar: de Althusius pra cá, num sentido associativo, de Montesquieu pra cá, num sentido racionalizado, o federalismo esteve vivo.

O nominalismo do federalismo, falando em sentido moderno, não consegue enxergar a forma federativa de Estado senão a partir da realidade da república norte-americana. Esta serviu de modelo às demais democracias do mundo contemporâneo que optaram pelo federalismo clássico, liberal, ou, ainda chamado, dual. Em nosso sentir, um estudo aprofundado do federalismo deve voltar, ao menos, à teoria da *república federativa* de Monstesquieu, para reconhecer a importância de sua contribuição não tanto à separação dos poderes (sendo, apenas, mais um, em uma linha evolutiva), mas, fundamentalmente, à forma pela qual idealizou a república federativa.

---

[146] HAMILTON, A., MADISON, J., JAY, J. *The Federalist Papers*. New York: Signet Classic, 2003.

[147] SOUZA JUNIOR, Cezar Saldanha. Estudo Introdutório: Em Torno do Sentido do Federalimo. In: SOUZA JUNIOR, Cezar Saldanha; ÁVILA, Marta (Coord.) *Direito do Estado:* estudos sobre federalismo. Porto Alegre: Dora Luzzatto, 2007, p. 17.

[148] MONTESQUIEU, *O espírito...*, p. 141.

13. O federalismo natural de Althusius e o federalismo racionalizado de Montesquieu

Se nossa tese está certa e existe realmente um federalismo socionatural e um federalismo pactista-contratual, cabe, agora, idealizarmos uma comparação de seus dois maiores expoentes: Althusius e Montesquieu.[149] Viveu, o primeiro, a passagem da Idade Média à Idade Moderna de onde resultou o nascimento dos Estados Nacionais Modernos; viveu, o segundo, o período de consolidação da Idade Moderna, bem como a geopolítica dos Estados recém-formados. Podemos dizer – como o fez Gierke – ser Althusius o "ponto culminante do pensamento social medieval e de divisor de águas para as ideias políticas modernas";[150] ser Montesquieu – como o fez Aron – "o último dos filósofos clássicos [...] o primeiro dos sociólogos"[151] modernos. Ambos, e cada um, ao seu tempo, idealizaram formas que entenderam condizentes às organizações políticas. Althusius ficou preso ao pensamento clássico, fundando toda sua teoria na natural sociabilidade do humano, Montesquieu, de outro lado, idealizou um processo racional de institucionalização do vínculo federativo.

Althusius está para o federalismo socionatural; assim como Montesquieu, para o federalismo pactista-contratual. Ambos e cada um viveram, na prática, experiências políticas concretas. Althusius, por exemplo, pela excelência de sua obra, e pela reputação jurídica que detinha, fora convidado a ser síndico da cidade de Emden, dirigindo, politicamente, os desígnios da cidade de 1604 a 1638, onde pôde colocar em prática o federalismo socionatural desenvolvido em teoria. Montesquieu também exerceu, mesmo que em menor escala, experiências políticas, tendo sido presidente do parlamento de Bordéus, em 1716, diretor da Academia Francesa, em 1753, bem como conselheiro político interino, pela reputação e relevância de suas obras. Liberal convicto procurava uma forma de organizar a política para trancar, refrear o poder do Estado.[152] Vejamos agora, comparativamente, a contribuição de ambos para o federalismo contemporâneo.

Althusius, partindo da arte da política, chegou à arte do federalismo. Estudou os homens e a forma de vida associativa por suas mais profun-

---

[149] Ver, neste ponto, a síntese de SOUZA JUNIOR, Cezar Saldanha. Estudo Introdutório: Em Torno do Sentido do Federalimo. In: SOUZA JUNIOR, Cezar Saldanha; ÁVILA, Marta (Coord.) *Direito do Estado:* estudos sobre federalismo. Porto Alegre: Dora Luzzatto, 2007, p. 17.

[150] ALTHUSIUS apud CARNEY, *Política...,* p. 9.

[151] ARON, *As Etapas...,* p. 63.

[152] Ver o clássico livro XI, mormente o capítulo VI. (MONTESQUIEU, *O espírito...,* p. 167-178).

das raízes. Seu grande projeto político parte de células de autogoverno, que da base à cúpula, das associações mais simples às mais complexas, enfeixam a parte e o todo em direção a um federalismo de amplas dimensões.

As partes conectadas por um laço comum buscam harmonia e felicidade, maximizando o bem comum. Todo este arcabouço institucional trabalhado por Althusius visa a empreender uma concepção do federalismo não de uma perspectiva imposta de cima para baixo, do mais forte ao mais fraco, desrespeitando os campos naturais do convívio social; mas, essencialmente, um federalismo de base associativa, de baixo para cima, preservando o bem viver, escrutinando campos autônomos, mas dependentes, que se subsumem da base primária do convívio social (a própria *família*), ao campo final da associação humana: a própria comunidade.

Vê-se que Althusius voltava aos clássicos para reafirmar um ambiente natural de convívio, envolvendo, da base à cúpula, um complexo institucional harmônico de interação e associação, que, pela dinâmica do princípio da subsidiariedade, enfeixa todo o sistema político vigente, respeitando as autonomias necessárias das instâncias políticas inferiores, que, partindo sempre, da pessoa humana, evoluirá, naturalmente, às instâncias superiores do convívio sociopolítico, chegando ao ideal simbiótico desejado pela maximização do bem comum.

Em outro quadrante do pensamento político Montesquieu, de forma breve, mas não menos brilhante, dá outra fundamentação à associação federativa. Enxerga o federalismo de forma racional, operado por um processo lógico de interação e integração das repúblicas. O sistema federativo idealizado por Montesquieu elimina o duplo inconveniente verificado na estrutura dos Estados do século XVIII, qual seja: maximizar a *liberdade* no plano interno; minimizar a vulnerabilidade no plano externo.[153] Sendo no fundo uma intervenção artificial no processo do federalismo socionatural.[154]

Se Althusius entendia o federalismo partindo da base associativa do humano, Montesquieu não negava esses elementos naturais associativos, mas, afirmava, categoricamente, ser somente pelo processo artificial-racional – existente na base organizativa do federalismo – que a democracia funcionaria bem, na medida em que reprimiria a desvantagem do governo monárquico despótico e a fragilidade das pequenas repúblicas. Esse

---

[153] Ver o já citado MONTESQUIEU. *O espírito das ...* Livro IX, capítulo I.

[154] Ver, SOUZA JUNIOR, Cezar Saldanha. Estudo Introdutório: Em Torno do Sentido do Federalimo. In: SOUZA JUNIOR, Cezar Saldanha; ÁVILA, Marta (Coord.) *Direito do Estado*: estudos sobre federalismo. Porto Alegre: Dora Luzzatto, 2007. p. 17.

inconveniente afetava os modernos estados recém-formados, necessitando de uma fórmula mágica que evitasse os vícios constatados.

Podemos dizer que Althusius e Montesquieu tiveram uma percepção mais clara do fenômeno federativo, em razão de terem à disposição um cenário político-jurídico-social distinto da *pólis* grega, da *civitas* romana e do *regnum* da idade média. A possibilidade de pensar a organização social, tendo por base *Estados* já bem caracterizados favoreceu o descortinar teórico do federalismo por parte destes autores.

Cabe, por fim, perguntar: existe um ponto em comum, mesmo que mínimo, entre a teoria do federalismo pactista-contratual de Montesquieu e o federalismo socionatural de Althusius?

Disse Althusius:

> Quanto mais populosa a associação, mais feliz e segura é. Por conseguinte, a perda de população é um dos mais severos castigos que o reino pode sofrer. É útil e necessária a abundância de cidadãos, tanto em tempo de guerra como de paz, já que em grande efetivo de pessoas pode barrar e repelir uma força externa grande. [...]
>
> Por outro lado, uma comunidade ou região que transborda de gente também tem suas desvantagens e fica exposta a muitos vícios. [...] O governo de muitos cidadãos é também difícil; a concórdia, a boa ordem e a disciplina adequada são difíceis de preservar, já que abundam os aduladores, bem como a riqueza e a corrupção; em conseqüência, há os que preferem a riqueza à virtude, o suborno à justiça, a timidez à coragem e a maldade à bondade. Da mesma forma que o ferro, por sua natureza, produz a ferrugem que gradualmente o corrói e a fruta madura faz nascer os pequenos vermes que a vão consumindo, assim também **as grandes populações** e os **impérios poderosos** manifestam **muitos vícios** que, pouco a pouco, os **arruínam**. [...]
>
> Dessas considerações pode-se concluir que uma **comunidade de tamanho médio** é melhor e mais estável, uma vez que pode **resistir às pressões externas** e não é dominada pelos **vícios que mencionei.**[155] (negritos nossos)

Disse Montesquieu:

> Para que um Estado esteja em sua maior força, é preciso que sua grandeza seja tal que exista uma relação entre a rapidez com que se pode executar contra ele alguma ofensiva e a prontidão com que pode torná-la vã. Como aquele que ataca pode, no início, aparecer em todo lugar, é preciso que aquele que se defende também possa se mostrar em todo lugar; e, consequentemente, que a extensão do Estado seja mediana, para que seja proporcional ao grau de velocidade que a natureza deu aos homens para que se transportassem de um a outro lugar. [...]
>
> O verdadeiro poder de um príncipe não consiste tanto na facilidade que há em conquistá-lo, e sim na dificuldade em atacá-lo e, por assim dizer, na imutabilidade de sua condição. Mas o crescimento **dos Estados faz com que mostrem novos flancos por onde se podem tomar.** [...]

---

[155] ALTHUSIUS, *Política*, p. 175-177.

Desta forma, assim como os monarcas devem possuir sabedoria para aumentar seu poder, também não devem possuir menos prudência para limitá-lo. Fazendo cessar os inconvenientes da pequenez, é preciso que vigiem sempre os inconvenientes da grandeza[156]. (negritos nossos)

Podemos dizer que Montesquieu e Althusius, partindo de realidades diferentes, chegaram a conclusões semelhantes. Eles estão preocupados com a força defensiva e ofensiva dos Estados, da grandeza ou pequeneza dos territórios, do contingente populacional e da forma político-organizacional estratégica dos Estados.

A diferença está que Althusius dá um fundamento natural ao federalismo, derivado da própria condição associativa humana. Não chega, entretanto, a pensar na república federativa, vivendo em outra época, não fundamentou sua teoria palas vantagens da república e da monarquia, mas certamente esboçou uma relação direta do tamanho do território e do volume populacional, com a defesa externa e a democracia interna.

Já Montesquieu não ressalta o ideal associativo-humano do federalismo, dando maior ênfase ao processo artificial-racionalista de organização do território, visando a instaurar um ambiente mais que liberal, evitando os vícios da monarquia e da república, pela já citada *república federativa*.

Razão devemos dar, portanto, a Elazar, que ao interpretar as ideias althusianas afirmava estarem mais relacionadas à época pós-moderna,[157] concluindo-se que as pesquisas acerca de Althusius ainda têm muito a contribuir para a teoria do federalismo. Da mesma forma, a teoria do federalismo de Montesquieu merece uma maior atenção.

14. Governos federativos: a solução de Rousseau à reforma política do Governo da Polônia

Contemporâneo de Montesquieu merece destacar, ainda no século XVIII, arraigado ao federalismo pactista-contratual, a figura de Jean-Jacques Rousseau (1712-1778).[158] Um de seus últimos escritos – verdadeiro testamento político – foi concluído apenas em 1771, de onde nos vêm os

---

[156] MONTESQUIEU, *O espírito...*, Livro IX, capítulo VI.

[157] ELAZAR, *Política...*, p. 63.

[158] Escritor e pensador suíço nasceu em Genebra, em 28 de Julho de 1712, e morreu em Ermenonville, perto de Paris, em 2 de Julho de 1778. Foi filósofo, escritor, teórico político e um compositor musical autodidata. Uma das figuras mais marcantes do Iluminismo francês e uma das principais inspirações ideológicas da segunda fase da Revolução Francesa. Sua principal obra – *Do Contrato Social* – é publicada em 1762; na mesma década publicara, também com destaque, *Émile*.

conselhos à nação polonesa – ainda feudal –,[159] que fraca internamente, frágil externamente, não sobreviveria, segundo Rousseau, senão através de um *governo federativo*.

A iniciativa da última obra política de Rousseau não é dele, mas de um conde polonês, de nome Wielhorski, espécie de relações públicas de nobres insurretos poloneses, que procura Rousseau para que o mesmo analisasse os desígnios do povo da Polônia. Munido de farto material informativo acerca da Polônia, fornecido pelo próprio conde, Rousseau teve a oportunidade de desenvolver concretamente os princípios gerais escritos no *Contrato Social,* aplicando-os à realidade polonesa. Os seis meses de trabalho neste árduo desafio nos daria o testamento de Rousseau em matéria de política: *Considération sur Le Gouvernement de Pologne, et sur Réformation Projetée.*[160]

Um dos principais problemas a ser enfrentado por Rousseau nas suas consideração vinha do *liberum veto*; espécie de *"anarquia polonesa"*,[161] uma vez que era dado a qualquer nobre polonês o direito de paralisar (por veto) as decisões da autoridade pública contrárias aos interesses dos nobres, ou mesmo contrárias às suas preferências. "*Quorum* qualificado" ou maioria absoluta, entretanto, era exigido em se tratando de decisões fundamentais, o que na prática não funcionava, pois os nobres insurretos podiam, ao sentimento de suas preferências, paralisar o governo. Qual seria a solução de Rousseau a este impasse? Como daria unidade política à Polônia? A resposta de Rousseu iria muito além do imaginado, e o mesmo veria a questão de uma maneira ampla e sistemática, qual seja, a solução aos impasses do governo da Polônia estava na construção de uma nação, una, forte e coesa. Independente externamente, integrada internamente. Tal alternativa poderia ser colocada em prática somente pelo *governo federativo*, o único capaz de reduzir as desigualdades sociais e fortalecer as estruturas políticas.

Destarte, encontramos no mesmo Vedel – que atribuía as primícias da federação a Montesquieu – a total negação de uma contribuição de Rousseau à teoria do federalismo moderno. Ele não enxergava no pensamento do genebrino qualquer menção ao governo federal, ou a necessidade de se federar as pequenas repúblicas, sentimento este que pareceria

---

[159] Conforme SALINAS FORTES, Luis Roberto. *Apresentação e nota preliminar às Considerações sobre o Governo da Polônia e Sua Reforma Projetada*. São Paulo: Brasiliense, 1982, p. 7.

[160] Importante ressaltar que, não foi somente Rousseau que tentara melhor as estruturas políticas da Polônia, pois na mesma época das *Considerações sobre o governo da Polônia* Wielhorski contava, ainda, com a ajuda do abade MABLY, que discordando de ROUSSEAU em muitos pontos, favorecendo o crescimento de um diálogo saudável e produtivo no sentido da modernização das antigas, velhas e anacrônicas instituições políticas polonesas (Cf. Ibid., p. 7-12).

[161] A literatura da época definia o *"liberum veto"* como *"anarquia polonesa"*. (Cf. Ibid., p. 11).

lógico se encontrar em Rousseau, já que os problemas enfrentados por ele são similares aos que se defrontou, à época, Montesquieu. Tanto é que, tratando Vedel das grandes correntes do pensamento político e do federalismo, titula a parte referente à Rousseau de: *Le silence de Rousseau*.[162]

Reconhece, entretanto, Vedel, no pensamento rousseauniano o insucesso de um regime político organizado em comunidades grandes. O poder deve ser exercido – e isto aparece, fortemente, tanto no *contrato social*, quanto em *Emilio* – pelos próprios cidadãos não delegando, nem dividindo os poderes. Está claro em Rousseau que o bom governo e o exercício do poder pelos cidadãos só é possível em sociedades de pequeno porte, voltando-se, assim, ao velho problema que dominaria todo o século XVIII: como organizar um Estado de dimensões pequenas sem perder a tranquilidade facilmente abalada pela invasão externa? E a crítica de Vedel vai neste sentido, excluindo Rousseau do rol dos pensadores políticos que contribuíram à moderna teoria da federação. Mas deixemos o próprio crítico falar:[163]

> On s'attendrait à trouver des idées analogues chez Rousseau, dont les príncipes semblent impliquer la recherche nécessaire d'une telle solution. Il n'y a pás en effet pour Rousseau de gouvernement legitime si le gouvernement n'est pas assis sur la souveraineté du peuple exerçant lui-même ses attributions. D'un autre côté, Rousseau convient qu'un tel regime politique **n'est pas possible dans des États trop vastes. C'est seulement dans de petites cités que le pouvoir peut s'exercer**, comme le veut Rousseau, sans délégation ni division. Mais comment vont vivre ces petites cités? [...] Pourtant, l'on cherche en vain, dans l'oeuvre de Rousseau, **le passage qui préconiserait la fédération de republiques**: à notre connaissance **ce passage n'existe pas**. C'est que Rousseau est beaucoup moins préoccupé que Montesquieu de faire vivre les institutions qu'il préconise. [...] Quanta au problème de la défense des petits États, Rousseau le traite par référence, non aux structures de la cité, mais à celles de la société internationale. Car, comme on l'a dit, le fédéralisme est autant une recette pour élargir la vie internationale que pour organizer la vie nationale.[164] (negritos nossos)

Quando Vedel refere não encontrar em Rousseau uma passagem acerca da república federativa, acrescenta a ressalva de que se existe dita passagem, lhe é, ao menos, desconhecida. Merece reparo, assim, as conclusões de Vedel, na medida em que só recentemente foram encontradas as *considerações sobre o governo da Polônia* de Rousseau. Na verdade, a primeira edição das *Considerações* foi realizada após a morte de Rousseau, em 1782, edição esta enviada ao conde Wielhorski e, desde logo, perdida. Só recentemente o texto foi encontrado na Polônia, integrando as Obras

---

[162] VEDEL, *Le Federalisme...*, p. 40.

[163] Cf. Ibid., p. 40.

[164] Ibid., p. 40.

Completas de Rousseau, no volume III, da edição *Plêiade*. Tal obra, por certo, não passou pelas mãos de Vedel.[165]

As ressalvas que cabem ao pensamento de Rousseau acerca do federalismo estão dispostas no capítulo V, intitulado de *vício radical*, que em seguida analisaremos. Entretanto, uma leitura minuciosa da obra irá demonstrar, em outras partes, para surpresa dos seus leitores, um Rousseau já não tão apegado ao igualitarismo republicano, radical e desenfreado aos moldes do encontrado no contrato social; mas sim um Rousseau afeito a uma Polônia unida, coesa, formada por um grande número populacional, valorizando, portanto, a estrutura da cidade, onde renasçam as partes mortas e unam-se as partes desunidas.[166] A formação de um corpo nacional[167] é defendido por ele abertamente, pois quando dá conselhos à Polônia, deixa escapar, nas entrelinhas, o ideal de uma nação forte, que para remediar as desvantagens dos governos grandes e as desvantagens dos governos pequenos, deveria aperfeiçoar os *governos federativos*.

Mas é do capítulo V das *Considerações* que podemos extrair as melhores conclusões de Rousseau sobre o *governo federativo*. Dando conselhos ao povo polonês, volta à velha questão do tamanho dos reinos (sentimento comum compartilhado pelos pensadores políticos do século XVIII) para reafirmar a necessidade de articular a constituição de um grande reino, cumulada com a consistência interna de uma pequena república.

Defende, ainda, que a proximidade favorecida pelo tamanho dos pequenos Estados engendra governos mais operosos, na medida em que as decisões tomadas pelos chefes são facilmente avaliadas pelo seu sucesso ou insucesso. Neste sentido, Rousseau criticava o fato de a Polônia possuir, aproximadamente, oito milhões de habitantes, sendo exemplo único na história da humanidade um Estado viver tanto tempo neste contingente populacional e não cair no pior dos despotismos. Mas vejamos o que disse o próprio:

> Evitemos, se possível, lançar-nos desde os primeiros passos em projetos quiméricos. Que empreendimento, senhores, vos ocupa neste momento? O de reformar o Governo da Polônia, isto é, dar à constituição de um grande Reino a consistência e o vigor de uma pequena República. [...] Quase todos os pequenos Estados, Repúblicas e Monarquias indiferentemente, prosperam pelo simples fato de que são pequenos; porque todos os cidadãos se conhecem mutuamente e vêm uns aos outros, porque os chefes podem ver por si mesmos

---

[165] SALINAS FORTES, *Apresentação...*, p. 16.

[166] Ver, por exemplo, o capítulo I. (ROUSSEAU, Jean-Jacques. *Considerações sobre o governo da Polônia e sua reforma projetada*. Tradução de Luiz Roberto Salinas Fortes. São Paulo: Brasiliense, 1982, p. 24).

[167] Disse Rousseau: "Daí uma outra inclinação às paixões dos poloneses e dareis a suas almas uma **fisionomia nacional** que os distinguirá dos outros povos, que os impedirá de se fundir, de se comprazer, de se aliar com eles, um vigor que substituirá o jogo abusivo dos vãos preceitos, que os levará a fazer por gosto e por paixão o que não se faz nunca muito bem quando não se age a não ser por dever ou por interesse". (negritos nossos). (Ibid., p. 31).

o mal que se faz, o bem que têm a fazer; e porque suas ordens se executam sob seus olhos [...]. Só um Deus é capaz de governar o mundo e seria necessário faculdades mais do que humanas para governar grandes nações. É espantoso, é prodigioso, que **a vasta extensão da Polônia não tenha já cem vezes operado a conversão do Governo em despotismo**, abastardando as almas dos Poloneses e corrompido a massa da nação.[168] (negritos nossos)

Mas o conselho final de Rousseau ao governo da Polônia toca diretamente na questão federativa, na medida em que coloca como ponto derradeiro ao sucesso dos reinos o *governo federativo*. Não superadas as imperfeições antes mencionadas quanto à extensão territorial, só lhes restaria uma alternativa para o bom governo: pensar em articular as instituições políticas polonesas na direção de governos federativos, mantendo, na medida do possível, as vantagens dos grandes e dos pequenos Estados: força externa e democracia interna.

Neste diapasão, vemos pontos comuns entre Rousseau e Montesquieu. Certo, entretanto, que, as páginas do livro IX de *O Espírito das Leis* colocam a questão com maior clareza e vagar, falando diretamente da importância de se federar as repúblicas, das vantagens e desvantagens da monarquia, mas não podemos retirar Rousseau do rol setecentista dos tratadistas políticos do federalismo, ouçamos o próprio pela clareza e precisão:

Caso estas retaliações não tenham lugar, só vejo um meio capaz, talvez, de supri-las; e, o que é uma felicidade, este meio já está no espírito de vossa instituição. Que a separação das duas Polônias seja tão marcada quanto a da Lituânia: tendes três estados reunidos em um. Eu gostaria, se fosse possível, que tivésseis tantos quantos Palatinados. Formai em cada qual tantas outras administrações particulares. Aperfeiçoai a forma das dietinas, estendei sua autoridade sobre seus respectivos Palatinados; mas marcai cuidadosamente os limites e fazei com que nada possa romper entre elas o **laço da comum legislação e da subordinação ao corpo da República**. Em uma palavra, **aplicai-vos a estender e aperfeiçoar o sistema dos governos federativos, o único que reúna as vantagens dos grandes e dos pequenos Estados** e, portanto, o único que possa vos convir. Se negligenciardes esse conselho, duvido que podereis algum dia fazer uma boa obra.[169] (negritos nossos)

Nota-se que Rousseau não está tão longe de Montesquieu como parece. Não restam dúvidas de que Montesquieu foi mais longe ao fundamentar um federalismo artificial-racionalizado. Federar o que já estava unido, ou unir as partes separadas foi o meio racional encontrado por Montesquieu para solucionar o problema da extensão territorial. Por outro lado, Rousseau, vinculado ao igualitarismo expressado no contrato social, não deixara de dar suas contribuições à teoria da federação, pois entendia que

---

[168] ROUSSEAU, *Considerações...*, p. 40-41.
[169] Ibid., p. 41.

extensões imperiais iam de encontro a bons governos. A solução seria reduzir as dimensões territoriais ou, implantar governos federativos.

Rousseau no fundo confirma, com argumentos diferentes, a mesma tese de Montesquieu. Sustenta a impossibilidade de sucesso das grandes extensões territoriais, que cairiam no tão combatido despotismo. Diria ele, em um tom irônico: "Só Deus é capaz de governar o mundo e seria necessário faculdades mais do que humanas para governar grandes nações".[170] Ora, a viabilidade do federalismo aos moldes do que vinha desenvolvendo Montesquieu só se preservaria com a intervenção de um processo racional de federar as repúblicas.

15. Benjamin Constant: um novo gênero de federalismo

Benjamin Constant de La Rebecque (1767-1830)[171] foi um dos Clássicos do pensamento político moderno, entrando para a vida pública como chefe do partido liberal (defendendo um liberalismo puro em que o indivíduo é o primeiro princípio e último fim da comunidade, reforçando a proteção da individualidade). Para o federalismo, destacam-se duas de suas obras, recentemente traduzidas para o português: *Escritos de Política* e *Princípios de Política*, das quais extraímos contribuições inestimáveis ao federalismo moderno.

Cabe mencionar um Constant esquecido ou perdido no tempo. Só recentemente volta à baila, tanto no exterior, quanto no Brasil, a ocupar o posto de onde sempre deveria ter estado: como um dos precursores da democracia liberal, ou um dos mais prestigiados pensadores políticos franceses. As críticas e talvez o esquecimento de Constant deve-se, de um lado, ao estilo pouco inovador, seguindo, apenas, os caminhos já traçados por Montesquieu; de outro lado, por ter sido considerado fora da realidade, excessivamente formal e normativo.

Mas é somente no século XX que Constant volta a ter reconhecimento. Juntamente com Tocqueville, combatera as sociedades massificadas, e o arcabouço institucional de Constant é o campo ideal para completar o cenário político-jurídico nascente com o final da II Guerra Mundial, na medida em que reforça a importância da representação política, do

---

[170] ROUSSEAU, *Considerações...*, p. 41.

[171] Nasceu em Lausana, Suíça, em 25 de outubro de 1767, morreu em Paris, no dia 8 de dezembro de 1830. Foi político, jornalista e escritor. Dentre suas obras merece destaque *Adolfo*, um clássico da literatura francesa. Escreveu, ainda, comentários à obra do filósofo italiano Gaetano Filangieri (*Commentaire sur l'ouvrage de Filangieri*).

federalismo (enfocando a importância do município), da separação dos poderes (mormente pela criação de um quarto poder político o poder moderador), da responsabilidade política e da democracia-liberal, em reação à social democracia igualitária.[172]

Demonstrado o cenário político em que se encontrava Constant, cabe agora aprofundarmos a contribuição dele para o pensamento federalista. Falava Constant da necessidade da regulamentação do Município, após o restabelecimento da organização interna e externa da França, pois na Constituição francesa da época (1791), não se encontrava qualquer dispositivo que regulamentasse o poder das autoridades locais.

Fortalecendo, pois, o poder local fundamentava Constant que a decisão dos assuntos de uma fração cabe, por óbvio, a mesma, bem como os assuntos atinentes ao indivíduo devem ser submetidos ao próprio indivíduo. Fortalece, assim, o poder local e fundamenta o princípio da subsidiariedade na medida em que o que está mais próximo da realidade concreta, ou o que sofre diretamente os efeitos de determinada decisão deve, no todo ou em parte, participar no processo deliberativo da mesma.[173] Constant, para exemplificar a necessidade de se respeitar níveis de convívio social e de respeito às individualidades, colocava como exemplo a seguinte suposição:

> Supposez une nation d'un million d'individus, repartis dans un nombre quelconque de communes: dans chaque commune, chaque individu aura des intérêts qui ne regarderont que lui, et qui, par conséquent, ne devront pas être soumis à la juridiction de la commune. Il em aura d'autres qui intéresseront les autres habitants de la commune, et ces intérêts seront de la compétence communale. Ces communes à leur tour auront des intérêts qui ne regarderont que leur intérieur, et d'autres qui s'étendront à un arrondissement. Les premiers seront du ressort purement communal, les seconds du ressort de l'arrondissement et ainsi de suite, jusqu'aux interest généraux, communs à chacun des individus formant le million qui compose la peuplade. Il est évident que ce n'est que sur les intérêts de ce dernier genre que la peuplade entière o uses représentants ont une juridiction légitime: et que s'ils s'immiscent dans les intérêts d'arrondissement, de commune ou d'individu, ils excèdent leur compétence. Il en serait de même de l'arrondissement qui s'immiscerait dans les intérêts particuliers d'une commune ou de la commune qui attenterait à l'intérêt purement individuel de l'um de ses membres.
>
> L'autorité nationale, l'autorité d'arrondissement l'autorité communale, doivent rester chacune dans leur sphère, et ceci nous conduit à établir une vérité que nous regardons comme fondamentale. L'on a considere jusqu'à présent le pouvoir local comme une branche dépen-

---

[172] Cf. GALVAO QUIRINO. Célia N. *Escritos Políticos de Constant:* edição, introdução e notas à edição brasileira. São Paulo: Martins Fontes, 2005, p. 7-8.

[173] Cf. CONSTANT, Benjamin. *Écrits Politiques:* principes de politique – applicables à tous les gouvernements representatives et particulièrement à la constitution actuelle de la France. Paris: Folio Essais, [s.d.], p. 423. Ver, ainda, a belíssima edição da Martins Fontes. (CONSTANT, Benjamin. *Escritos Políticos*. Tradução de Eduardo Brandão. São Paulo: Martins Fontes, 2005, p. 102).

dante du pouvoir exécutif: au contraire, il ne doit jamais l'entraver, mais il ne doit point en dépendre.[174]

Vê-se da passagem supracitada níveis de interesses, que vão da pessoa ao município, do município à região e da região aos interesses gerais, comuns e aplicáveis a todos os cidadãos, indistintamente. Defende o respeito aos níveis inferiores do convívio social, sugerindo a regulamentação do poder municipal, a ser exercido pelos seus representantes. Neste sentido, Constant aproxima-se do federalismo socionatural trabalhado no primeiro capítulo, na linha do que foi sustentado por Althusius. A diferença entre eles está, entretanto, que a subsidiariedade para Constant parte de uma perspectiva institucional municipal.

O poder municipal para Constant deve-se preocupar única e exclusivamente com a administração dos administrados. O administrador é um procurador para solucionar os problemas dos administrados. A proximidade entre eles favorece, entretanto, pelo princípio da subsidiariedade a aplicação do direito, na medida em que o respeito, a admiração, o companheirismo, existente na interação natural entre as pessoas, fortalece o vínculo social e as afeições recíprocas.[175]

Assim como o indivíduo que interage com os demais conhece seus vícios e suas virtudes, as sociedades, antes de unirem-se para formar um novo pacto, devem conhecer a Constituição interior da outra sociedade. O pressuposto da união há de ser interesses comuns, convergindo os esforços para formar uma sociedade mais justa. Contudo, a sociedade menor deve ajustar seus arranjos internos com o todo, mantendo sempre parte de porção individual, desde que não prejudique o todo. O modelo federativo de Constant só pode ser instaurado a partir das localidades. Não há patriotismo e respeito ao vínculo federativo instaurado, senão o que parte da própria pessoa. O corpo da nação não será bem formado internamente, nem respeitado externamente, senão quando estiverem preservados os laços particulares.

Aproxima-se Constant do federalismo pactista-contratual de Montesquieu, ao fundamentar que os pequenos Estados em termos de justiça e de paz, são preferíveis aos grandes. De outro lado, quanto à segurança externa, os grandes Estados são preferíveis aos pequenos.

De difícil administração, os grandes Estados caem facilmente no despotismo. Por consequências das distâncias dos reinos, as leis padecem de descrédito ineficiência, tanto pelo sentimento equivocado dos problemas distantes, quanto pela arbitrariedade de tratamento semelhante a

---

[174] CONSTANT, *Écrits...*, p. 423-424.
[175] Cf. Ibid., p. 426-427.

problemas diferentes. Note-se que os reclames da periferia demoram a chegar ao centro, e as determinações do centro demoram a chegar à periferia. Encerra Constant sugerindo aos "governos de um país grande" a necessidade de "partilhar algo da natureza do federalismo".[176]

O federalismo de Constant aponta as vantagens e as desvantagens dos grandes e dos pequenos territórios, sentimento comum a todo o século XVIII.[177] A exemplo de Rousseau e Montesquieu, visava preservar a liberdade pelo processo do federalismo. Destaca-se, entretanto, que Rousseau e Montesquieu, não vivenciaram a experiência da federação norte-americana, tal qual vivenciou Constant.

16. O sentimento de uma época

Para finalizarmos o presente capítulo, necessário se faz demonstrar que o federalismo pactista-contratual é, no fundo, o sentimento de uma geração de pensadores formados em uma época conturbada da história. As ideias absolutistas, a delimitação dos territórios, o liberalismo nascente, o individualismo, bem como a proteção das fronteiras contra os invasores estavam na ordem do dia. Os pensadores políticos da época assumiam uma posição de estrategistas, fortalecendo a soberania dos territórios e mantendo a liberdade. Para tanto, destacaremos outros autores que contribuíram neste processo.

O federalismo mostrou-se um meio eficaz de encontro das doutrinas políticas e das diversidades naturais da vida humana. Neste sentido, a filosofia do século XVIII (exaltando a razão, o liberalismo, o individualismo e a propriedade privada) expressou um sentimento de proteção dos territórios, tendo em vista a geopolítica da época. Formar unidades mais sólidas, sem perder as vantagens dos pequenos estados, foi o desafio enfrentado por Montesquieu, Rousseau e Constant. Contudo, as reminiscências acerca da extensão territorial e da proteção da soberania, vinham sendo desenvolvidas desde o aparecimento do Estado, destacam-se os pensadores: D`Argenson, Duque de Sully, William Penn, o Abade de Saint-Pierre, Mably. Vejamos suas contribuições.

---

[176] CONSTANT, Benjamin. *Princípios de Política Aplicáveis a Todos os Governos*. Tradução de Joubert de Oliveira Brízida. Rio de Janeiro: Topbooks, 2007, p. 541.

[177] Vedel refere que, à época, o tamanho reduzido da república para evitar o despotismo existente nas grandes monarquias era fator notório entre os pensadores de Estado. (VEDEL, *Le Federalisme...*, p. 38).

O Duque de Sully (1560-1640) destacou-se por suas ideias federais no plano internacional. Em projeto apresentado a Henrique IV, idealizou uma república cristã com o fim de reformular territorialmente a Europa da seguinte forma: (1) cinco monarquias hereditárias (França, Espanha, Inglaterra, Suécia, Lombardia); (2) seis monarquias eletivas (o Papado, o Império, Hungria, Boémia, Polônia e Dinamarca); (3) duas repúblicas aristocráticas (Veneza e República Italiana); e (4) duas repúblicas democráticas (Suíça e Países Baixos). Buscou assegurar esta união de Estados através de um Conselho Cristão de sessenta membros, que preservaria a harmonia interna e defenderia os países membros da federação interna e externamente.[178]

Na linha do federalismo internacional desenvolvido pelo Duque de Sully, William Penn (1644-1718) publicou, em 1693, os *"Essai de paix en Europe dans le présent et dans l'avenir"*, obra fortemente influenciada pelas doutrinas contratualistas. O contrato social transcende os limites nacionais para fundamentar uma sociedade unificada, tentando conciliar o problema da diversidade de Estados, na unidade de um grande território. A proporcionalidade dos Estados-Membros é configurada por um conselho geral, no qual, os Estados mais relevantes levam um número maior de representantes. William Penn, por exemplo, reserva a Alemanha, França e Espanha oito representantes; para Inglaterra, seis; para Suécia, Polônia e Países Baixos, quatro; para Veneza e Roma, três. Estas decisões exigem uma maioria de três quartos.[179]

Inserido na discussão do federalismo setecentista, cabe mencionar a figura do Abade de Saint-Pierre, Mably (1658-1743), um dos pioneiros no tratamento da união federativa da Europa em favor da paz perpétua. Uma de suas obras mais destacadas foi *"Le Projet de paix perpétuelle"*, na qual propôs um Conselho federativo europeu permanente para arbitrar as questões entre os Estados e evitar as guerras. Entre 1713 e 1717 Saint-Pierre expõe, em três volumes, os meios pelos quais a paz perpétua poderia ser implantada entre todos os Estados Cristãos.[180]

Neste projeto Mably transcende as fronteiras europeias e cristãs, admitindo protestantes e ortodoxos, além de outros continentes como Áfri-

---

[178] Cf. VEDEL, *Le Federalisme...*, p. 41-41. Ver, ainda, BARACHO, José Alfredo de Oliveira. *Teoria Geral do Direito Constitucional Comum Europeu*. Diponível em: <http://www.juridicas.unam.mx/publica/ver/ccont/8/ard/ard4.htm> Acesso em: 20 jan. 2008.

[179] Cf. VEDEL, op. cit., p. 43.

[180] Vedel menciona ter publicado o Abade, em 1728, um resumo de título extenso, dos três volumes citados, intitulado de "Abrégé du projet de paix perpétuelle invente par le roi Henri le Grand, approuvé par la reine Elisabeth, par le roi Jacques, son successeur, par les republiques et par divers autres potentats approprié à l'état présent des affaires de l'Europe; démontré infiniment avantageux pour tous les hommes nés et à naître in general, et in particulier pour tous les souverains et pour les maisons souveraines". (VEDEL, *Le Federalisme...*, p. 42-43).

ca e América. Todavia, seria de bom tamanho se funcionasse bem nos exíguos limites da sua Europa. Ao longo de sua obra demonstra, ainda que não expressamente, haver uma diferença essencial entre *sistema federativo* e *sistema de alianças*. A aliança está para a guerra, assim como a federação está para a paz. A aliança é momentânea, a federação é perpétua. A aliança vale-se da convergência de desejos políticos, ao passo que a federação é a criação de um direito, sob a guarda de um tribunal e da força coercitiva.[181]

Mably também busca maximizar as vantagens e minimizar as desvantagens através das dimensões e organizações políticas dos Estados. Desta forma, sugere algumas soluções, tais como: o desenvolvimento da segurança, pelo desarmamento; a prosperidade econômica, tendo em vista a ampliação dos mercados econômicos; o fortalecimento do laço político; a troca de experiências e a ajuda mútua.

Reservava à base jurídica a função de preservadora do laço político. Entretanto, para Mably, a constituição dessa sociedade europeia não passaria das promessas e das boas intenções se não reforçasse a construção de um acordo mais justo, mais durável, garantido por uma arbitragem permanente, um tratado de União, um Conselho Geral ou um Congresso perpétuo. Tanto é que o projeto da *Grande Aliança* por ele proposto, pautava-se nos seguintes artigos:

1) Manutenção do status quo territorial e execução dos últimos tratados;

2) Contribuição proporcional para a segurança e as despesas comuns da grande Aliança;

3) Renúncia definitiva do emprego das armas para regular as diferenças, com mecanismos de conciliação para a mediação entre os Grandes Aliados em lugar da Assembléia Geral, em caso de insucessos para o julgamento dos plenipotenciários dos outros aliados permanentes da Assembléia;

4) Em caso de infração às regras da Grande Aliança, seriam usadas sanções militares ou econômicas, contra os recalcitrantes;

5) Uma vez que as regras para os plenipotenciários fossem aprovados em sua assembléia perpétua, os artigos fundamentais não podiam ser mudados, salvo em caso do consentimento unânime dos Grandes Aliados. Não era possível ocorrer mudança, mesmo por meio de veto.[182]

Mably conclui seu pensamento com a seguinte passagem: "dessine une sorte de prince fédératif en Europe, et chaque génération será amenée à y réfléchir".[183] Ainda no século XVIII, mesmo que caído no esquecimento, lembramos a figura de D'Argenson (1694-1757), mormente nas suas *Considerações sobre o Governo antigo e novo de França*, no qual funda-

---

[181] Cf. Ibid., p. 42-43. Ver, ainda, BARACHO, *Teoria*...

[182] Extraído do artigo de BARACHO, *Teoria*...

[183] VEDEL, *Le Federalisme*..., p. 43.

menta o federalismo pela necessidade de um governo central e pela existência de um *self-government* local. O primeiro daria unidade ao Estado, exercendo a função de árbitro político, e defendendo-o externamente. O segundo manteria a harmonia institucional, priorizando a unidade nacional, mantendo a independência do poder local.

D'Argenson não deixou a mesma marca de Montesquieu, muito menos cunhou o termo *república federativa*. Foi além, entretanto, ao professar um federalismo mais articulado, livrando-se das reminiscências feudais[184] da extensão territorial e proteção das fronteiras. Se Montesquieu engendrou esforços na organização política federativa entre os Estados, D'Argenson trabalhou um federalismo de estrutura interna, de *self-government*. Foi além neste ponto, ficou aquém na delimitação dos nomes.

Montesquieu não esteve sozinho, por assim dizer, no processo de racionalização do federalismo socionatural. Certamente, a sua originalidade (frente aos demais pensadores setecentistas) foi cunhar o termo *república federativa*. Neste sentido, as teorias abordadas neste ponto flexibilizam as conclusões atuais acerca da origem do federalismo. Vê-se do exposto que a genialidade dos pais fundadores da federação (Hamilton, Jay e Madison) deve ficar compartilhada com uma gama de autores que se debruçaram sobre o tema em momentos anteriores.

O federalismo pactista-contratual é um modo de associação racionalizado e institucionalizado. Vai além da natural sociabilidade do humano desenvolvida pelo federalismo socionatural do capítulo primeiro. Idealiza um complexo de regras, operadas por instituições, que interferem no curso da vida humana para garantir-lhe estabilidade. Assim, federar as repúblicas, aperfeiçoar os governos federativos, ou mesmo a federação aos moldes dos Estados Unidos da América vem a ser um importante fator no aprimoramento da vida em sociedade.

O federalismo parte do respeito às associações menores, reafirmando um ambiente natural de convívio, envolvendo, da base à cúpula, um complexo institucional harmônico de interação e associação. O princípio da subsidiariedade enfeixa o sistema político vigente, respeitando as autonomias das diferentes esferas de convívio. Parte da pessoa humana, evoluindo, naturalmente, às instâncias superiores do convívio sociopolítico. Nenhum destes autores colocou a questão nestes termos, mas cada um a sua maneira, apontou um espectro da racionalização do federalismo.

O federalismo pactista-contratual de Montesquieu foi adotado ainda no século XVIII pelos Estados Unidos da América. Os pais fundadores da federação valeram-se não somente da clássica teoria da tripartição

---

[184] As reminiscências feudais de Montesquieu aparecem em Ibid., p. 38.

dos poderes, como também da teoria da república federativa. Nosso capítulo terceiro será destinado a estudar o primeiro federalismo republicano anotado de nossa história. Para tanto, veremos brevemente a história da independência dos Estados Unidos da América, demonstraremos o excepcionalismo norte-americano e os frouxos laços confederativos que ligavam os Estados por um tratado internacional. Após, faremos uma comparação entre os Pais Federalistas e Montesquieu, chegando ao modelo de federalismo competitivo-dual, matriz dos estados que seguiram o exemplo norte-americano.

Terceira Parte
O federalismo enquanto instituição jurídico-constitucional

Seção 1ª – O FEDERALISMO DE COMPETIÇÃO

> The opponents of the PLAN proposed have, with great assiduity, cited and circulated the observations of Montesquieu on the necessity of a contracted territory for a republican government. But they seem not to have been apprised of the sentiments of that great man expressed in another part of his work, nor to have adverted to the consequences of the principle to which they subscribe with such ready acquiescence.[185]

17. Confederação norte-americana: o primeiro passo da institucionalização do federalismo

Após a declaração de independência conquistada em 1776, as colônias se transformaram em treze Estados independentes. Apresentavam história e tradição semelhantes. Eram ligadas por uma unidade substancial de linguagem, de religião, de leis e objetivos comuns, permitindo, assim, a união destas coletividades vizinhas,[186] que inicialmente institucionalizou-se por uma Confederação. A seguir, esboçaremos as razões

---

[185] HAMILTON; MADISON; JAY, *The Federalist...*, paper IX.

[186] Esta expressão – coletividades membros – é muito utilizada por Oswaldo Aranha Bandeira de Mello, para diferenciar o Estado enquanto ente soberano representado na ordem internacional dos estados membros. Entende o autor que a utilização da palavra coletividades não geraria qualquer confusão para os entes federados que se associassem em torno do governo federal. (BANDEIRA DE MELLO, Oswaldo Aranha. *Natureza Jurídica do Estado Federal*. São Paulo: Revista dos Tribunais. 1937, *passim*).

para a sua criação, suas características e os entraves deste modelo que resultaram na implantação do federalismo moderno.

Ainda que conquistada a Independência, os Estados sentiam a vulnerabilidade de seus territórios, temendo uma represália da metrópole. Diante desta realidade, os Estados soberanos formaram uma união para protegerem-se, mantendo a liberdade e a segurança interna e externamente. Assim, em 1777, o Congresso, composto por representantes dos Estados, decidiu adotar Artigos de uma Confederação e União Perpétua, acordada em tratado internacional entre os Estados soberanos, no qual se reservava aos Estados tudo que não fosse expressamente outorgado aos Estados Unidos[187] e verificava-se a possibilidade de dissolver o vínculo Confederativo pelo exercício do direito de secessão (art. 2º).[188]

Entretanto, os laços confederativos não trouxeram a estabilidade desejada. Os Estados recém-independizados ainda estavam muito arraigados às ideias de liberdade, independência e soberania, inviabilizando um governo central operoso. O consenso político era algo difícil de obter; em razão das diferenças que separavam algumas colônias, tanto no tempo de formação (Virginia, por exemplo, datava de 1607; Pensilvânia, datava de 1681), quanto na diversidade do solo, do clima, do contingente populacional e da extensão territorial. Os interesses econômicos, a geopolítica, a rivalidade já iniciada entre Norte e Sul frutificavam governos independentes, com órgãos de representação bem definidos, levando a uma tendência separatista.[189]

A Confederação aparentava solidez e perenidade, entretanto, a realidade era diferente. Os representantes dos Estados se reuniam apenas uma vez por ano, nomeando um presidente, que decidia por maioria. As atribuições do Congresso eram limitadas à direção da guerra, às relações exteriores e à celebração de tratados, conservando, assim, os Estados todas as demais atribuições. Admitia-se, ainda, o direito particular dos Estados de declarar guerra e de concluir tratados, mediante assentimento do Congresso.[190]

---

[187] A ideia de reservar ao Estado o que não for expressamente outorgado aos Estados Unidos será futuramente incorporada à Constituição dos Estados Unidos na 10ª emenda: "the power not delegated to the United States by the Constitution, nor prohibited by it to the states, are reserved to the states respectively or to the people".

[188] Art. II. Each state retains its sovereignty, freedom and independence, and every Power, Jurisdiction and right, which is not by this confederation expressly delegated to the United States, in Congress assembled.

[189] Neste ponto ver *o nascimento do federalismo americano* (MATHIOT, André. *El federalismo en Estados Unidos*. Paris: Presses Universitaires de France, 1956, p. 215-217)

[190] Cf. Ibid., p. 218-219.

A principal dificuldade enfrentada pelo governo central estava no aprovisionamento de recursos. Além disso, os Estados desprezavam sua autoridade. O insucesso da Confederação estava no fato de que os Estados mantinham sua soberania, entendendo que tal atitude reforçava sua liberdade, sua independência, bem como na possibilidade de dissolução do vínculo confederativo pelo direito de secessão dos Estados.[191]

Estes entraves engendrados pelo vínculo existente iniciaram um caloroso debate em torno do sentido da confederação.[192] Destacam-se, neste diálogo, os artigos publicados por Hamilton, Madison e Jay, nos quais apresentaram as bases do federalismo, como alternativa aos problemas da Confederação. Não faltaram vozes dissonantes aos pais federalistas, sustentando em lugar da união, a divisão dos Estados em pequenos blocos, uma vez que o florescimento de um governo central forte levaria à submissão a uma ordem comum, diminuindo o poder local. Ademais, a contrariedade ao federalismo levava a ilusão de defesa da liberdade frente aos governos despóticos de grandes extensões territoriais. Os pais federalistas, em seus artigos, lutavam para comprovar o farisaísmo de tais teses.[193]

Ao criticar a Confederação, os federalistas afirmavam que as relações exteriores deveriam ser reforçadas, bem como caberia aos embaixadores negociarem com as nações estrangeiras, ao invés de negociar com os próprios americanos. A noção de soberania deveria ser vista não somente pelos americanos, mas também pelos povos com que eles se relacionam. O velho inconveniente permanece: quer-se aumentar a autoridade federal sem se diminuir a autoridade dos Estados.[194]

---

[191] A resistência de formação da ordem federal operante aparece claramente entre os americanos, veja-se o comentário de Pedro Calmon a respeito: "Os Estados Unidos formaram-se por acordo geral, de que resultou o governo da União norteamericana, débil e indeciso no início, pois tinha de lutar com a soberania – egoísta e desconfiada – dos membros da federação. Pretendiam fosse aquele um governo simplesmente moral, compatível com o isolamento de cada um dos Estados, assim independentes, embora associados" (CALMON, Pedro. *Curso de Direito Constitucional*. 3. ed. São Paulo: Freitas Bastos: 1954, p. 24).

[192] Assim foi se desenvolvendo o federalismo norte-americano, mediante conflitos e acordos, convenções e declarações. Três correntes definiram-se neste processo: *Os nacionalistas* defendiam um governo unitário e centralista (tendo como principais líderes George Washington e Alexander Hamilton). Advogavam poderes fortes à União, podendo legislar sobre tudo que não fosse competência dos Estados, opor veto sobre leis particulares dos legislativos estaduais e empregar a força em caso de algum Estado que faltasse com suas obrigações para manter a harmonia da União. Os *federalistas*, em oposição aos nacionalistas, percebendo a insuficiência da organização até então engendrada eram partidários de reforçar os artigos da confederação, sem, entretanto, dar poderes ao Congresso nos mesmos moldes dos idealizados pelos nacionalistas. Dentre seus projetos, estava reforçar os direitos dos Estados, com um poder judiciário forte. Os *unionistas*, de posição intermediária, eram partidários do fortalecimento da Confederação, reservando uma intervenção importante dos Estados na organização constitucional. (Cf. MATHIOT, *El federalismo...*, p. 221-224).

[193] Ver *General* Introduction (HAMILTON; MADISON; JAY, *The Federalist...*, nº 1.)

[194] Ibid., nºs 15-16.

O vício radical da Confederação está na postura dos Estados no que diz respeito às determinações do governo central. Ditas ordens, mesmo que com determinação expressa de cumprimento, são encaradas como recomendações ou sugestões. O resultado disso não pode ser outro senão a discórdia e a falência total do vínculo confederativo. As paixões e os infortúnios demonstraram no passado os frouxos laços de tais associações, pois todos, sem exceção, estão sujeitos às vicissitudes da guerra e da paz, das preferências e das aptidões políticas, dos percalços, das incertezas e das infidelidades dos pseudoassociados.[195]

É chegada a hora – advertia Hamilton – de abstrairmos essas picuinhas e pensarmos na essencial diferença entre uma liga e um governo, entre um governo geral e um governo parcial, entre governo de alguns e governo de todos, entre interesses comuns e interesses de particulares. A federação há de ser a substituta do amor ao poder dos Estados, ao poder de amar da União.[196]

Neste sentido, os pais federalistas defendiam ser mais seguro à América do Norte viver sob as regras do sistema federativo. Lembravam, ainda, das relações norte-americanas com as nações marítimas, que poderiam facilmente afrontar a sua soberania. Parece que a paz com Estados estrangeiros, ou mesmo a guerra, seria mais facilmente negociada, ou mais rapidamente temida, com a força conjunta de treze Estados, sob um único governo nacional.[197]

O comércio seria um forte aliado na construção da União dos Estados, pois fortalece a indústria e o desenvolvimento. Beccaria chegava a dizer que o comércio entre as nações incentivava uma outra guerra: *a guerra industrial, a única digna de homens sábios e povos organizados*.[198] O governo nacional, assim, há de ser o facilitador dessas relações comerciais, na medida em que poderá com maior facilidade impor sobre as importações e exportações, direitos e vantagens de há muito superiores aos tentados pelos pequenos Estados, ou médias Confederações.[199]

A quantidade de mercadorias, a diversidade de produtos, o volume produzido pela União reduz os vícios e aumenta o respeito das nações com que se faz comércio. Um pequeno Estado depende diretamente da mercadoria que vende e da mercadoria que consome, não podendo esperar ou impor restrições comerciais por longo período. A União, em sentido contrário, se retroalimenta, se ajuda, se fortalece, fazendo com que a

---

[195] HAMILTON; MADISON; JAY, *The Federalist*..., nos 15-16.
[196] Ibid., nos 15-16.
[197] Ibid., nº 3.
[198] BECCARIA, Cezare. *Dos Delitos e das Penas*. São Paulo: Martin Claret, 2007, p. 16.
[199] HAMILTON; MADISON; JAY, op. cit., nº 12, p. 89-90.

força externa não somente lhe respeite, mas lhe queira como aliado. Ademais, o comércio clandestino favorecido pela proximidade territorial, e cobiça natural dos seres humanos seria repelido. Na França, dizia Hamilton, pagava-se um exército de empregados (*army of patrols*) para fiscalizar as leis contra os ataques dos contrabandistas, o que facilmente poderia ser evitado na União dos Estados, tendo o simples inconveniente de proteger unicamente a saída para o mar.[200]

O governo geral leva ainda outras vantagens, tais como, contar com homens sábios, que podem faltar em pequenos Estados; não se deixar levar pelas circunstâncias pontuais de determinados interesses ou seguimentos de um Estado em particular, bem como interpretar tratados de modo uniforme, o que fica difícil em quatro pequenas confederações, ou em treze pequenos Estados.[201]

Em uma leitura completa da obra dos federalistas, notar-se-ão, do início ao fim, conselhos acerca da prioridade e necessidade do governo federativo, buscando reforçar o papel da União, bem como achar mecanismos que vinculem, fortemente, os Estados-Membros aos ditames da União. Basta ver, neste sentido, os capítulos relacionados às finanças (federalista nº 12), à economia (federalista nº 13), aos tributos (federalista nos 30 e seguintes); às eleições (federalista nº 59) e à guerra (federalista nº 8).

Dentre todas as recomendações acerca da inviabilidade do governo confederativo, cabe ressaltar o enforque que os federalistas dão a Montesquieu. A *república federativa* idealizada no Espírito das leis lhes serviu de base para a formulação da teoria do federalismo norte-americano. Assim, analisaremos os argumentos dos pais fundadores do federalismo norte-americano, para comprovarmos que sua originalidade no tratamento da federão deve-se, em grande parte, a Montesquieu.

18. Os pais fundadores do federalismo moderno e o espírito das leis de Monstesquieu

As bases do federalismo moderno encontram-se na compilação dos artigos publicados por Alexander Hamilton, James Madison e John Jay no jornal *Daily Advertiser*, recebendo o nome *The Federalist Papers*.[202] Livro do

---

[200] HAMILTON; MADISON; JAY, op. cit., nº 12, p. 89-90.

[201] Ibid., nº 3.

[202] HAMILTON; MADISON; JAY, *The Federalist...*, p. 569.

qual podemos extrair o testamento puro dos entraves confederativos e o exemplo vivo de esforços político-institucionais na busca de um governo forte aos Estados Unidos da América.

Contudo, é truísmo afirmar que os pais fundadores da federação sejam realmente Hamilton, Madison e Jay. Ainda que eles tenham escrito as bases do federalismo moderno, não podemos desprezar as contribuições dos demais autores já apontados nos capítulos precedentes, sobretudo Montesquieu, que originalmente cunhou o termo *república federativa*. A federação norte-americana surge já no final do Século XVIII, sendo o primeiro exemplo moderno, constitucionalmente institucionalizado, de nossa história. O federalismo norte-americano extrai seus fundamentos da obra de Montesquieu.[203]

Na verdade, as ideias de Montesquieu perpassam toda a obra dos federalistas, mas aparecem, textualmente, nos *papers* n°s 3, 6, 51, sendo, entretanto, citado diretamente no *paper* de n° 9. Destarte, estranho nos parece que não seja comum aos autores que tratam o fenômeno federativo voltar à teoria da república federativa de Montesquieu.

Parece que os *The Federalist Papers* foram escritos com o espírito das leis em mãos. Chegamos a acreditar que Montesquieu tenha sido o mais importante livro para a construção do federalismo norte-americano moderno. O primado idealizado por Montesquieu para as grandes monarquias e pequenas repúblicas é utilizado no todo ou em parte por Hamilton. Dizia ele, ou melhor, repetia em outras palavras os ensinamentos do mestre francês que a tranquilidade dos Estados dependia diretamente de uma outra forma de organização do território, qual seja, o governo federativo.

Já os instáveis laços preservados pela Confederação não atingem estes fins, pois não conseguem oferecer a tranquilidade interior aos Estados membros do tratado. Interessante observar que Hamilton volta ao *O Espírito das Leis* para lembrar as afirmações de Montesquieu sobre a necessidade da pequena extensão do território. Reforça que a maioria dos Estados americanos estava aquém da extensão territorial recomendada por Montesquieu. Aos maiores Estados (Virgínia, Massachusetts, Pensilvânia, Nova Iorque, Carolina do Norte) admitir-se-ia uma redução do tamanho. Mas Montesquieu nunca negaria a união de todos os Estados em um único governo federativo. O cerne do argumento de Hamilton está em conciliar as vantagens dos grandes e dos pequenos governos. Para

---

[203] Ver a síntese de SOUZA JUNIOR, Cezar Saldanha. Estudo Introdutório: Em Torno do Sentido do Federalismo. In: SOUZA JUNIOR, Cezar Saldanha; ÁVILA, Marta (Coord.). *Direito do Estado:* estudos sobre federalismo. Porto Alegre: Dora Luzzatto, 2007, parte quatro.

tanto, extrai parágrafos do livro IX de *O Espírito das Leis*. Mas deixemos o próprio falar:

> It is very probable" (says he) "that mankiond would have been obliged at length to live constantly under the government of a SINGLE PERSON, had they not contrived a kind of constitution that has all the internal advantages of a republican, together with the external force of a monarchical, government. I mean a CONFEDERATE REPUBLIC.
>
> This form of government is a convention by which several smaller states agree to become members of a large one, which they intend to form. It is a kind of assemblage of societies that constitute a new one, capable of increasing, by means of new associations, till they arrive to such a degree of power as to be able to provide for the security of the united body.
>
> A republic of this kind, able to withstand an external force, may support itself without any internal corruptions. The form of this society prevents all manner of inconveniences.
>
> If a single member should attempt to usurp the supreme authority, he could not be supposed to have an equal authority and credit in all the confederate states. Were he to have too great influence over one, this would alarm the rest. Were he to subdue a part, that which would still remain free might oppose him with forces independent of those which he had usurped, and overpower him before he could be settled in his usurpation.
>
> Should a popular insurrection happen in one of the confederate states, the others are able to quell it. Should abuses creep into one part, they are reformed by those that remain sound. The state may be destroyed on one side, and not on the other; the confederacy may be dissolved, and the confederates preserve their sovereignty.
>
> As this government is composed of small republics, it enjoy the internal happiness of each; and with respect to its external situation, it is possessed, by means of the association, of all the advantages of larges monarchies.[204]

Esta passagem demonstra claramente as fontes de Hamilton, para sustentar uma união mais sólida para o povo norte-americano. Pretendia evitar o governo despótico tanto quanto Montesquieu. Sem este arcabouço institucional, que hoje conhecemos como federalismo, o homem estaria, afirmava Monstesquieu, obrigado a submeter-se ao governo de um só.

Montesquieu e Hamilton, cada um a sua época, visavam a legitimar um governo aos moldes do liberalismo clássico. Ambos e cada um sustentaram a *república federativa* sob a guarda do pensamento liberal clássico, sentimento comum à época, que priorizava na relação entre os Estados, um forte acento na individualidade, no liberalismo, e uma consequente desvalorização da cooperação e do bem comum.

Na verdade, o bem comum não lhes serviu de supedâneo, resgatando eles apenas os elementos mínimos necessários para uma união federativa. Assumiram o federalismo de um prisma liberal, ou seja, preservaram nos Estados o máximo de democracia local, reservando apenas o mínimo

---
[204] HAMILTON; MADISON; JAY, *The Federalist...*, n.º IX, p. 69-70.

necessário à união. Se retirássemos mais competências da União, o pacto federativo restaria desfeito.[205]

A *república federativa* de Hamilton (assim como a idealizada por Monstesquieu) acabaria refreando as ações contrárias intentadas pelos Estados insurretos. Se um Estado crescesse em poder vertiginosamente, os outros Estados, unidos, teriam força suficiente para prevenir os eventuais inconvenientes. Se tentasse, entretanto, subjugar um lado, os outros lhe oporiam resistência. Se uma parte estiver perecendo, os membros que estivessem sãos poderiam ajudar. Pode, igualmente, um lado perecer e o outro não, um necessitar de ajuda e o outro não. Estas peculiaridades reforçam a democracia no âmbito local e a soberania no âmbito internacional.

Mais um elemento é apontado pelos federalistas no *Paper* 51 aos entraves confederativos, fechando os argumentos gerais da tese da federação suplantar a confederação. Afirma Madison, nesse *Paper*, um perigo adicional à **democracia liberal**[206] em pequenas comunidades, na medida em que em pequenas repúblicas toda a autoridade é delegada a um único e exclusivo governo, facilitando que interesses seccionais de maiorias articuladas utilizem-se do poder para favorecer aspirações privadas ou de grupos, eliminando valores essenciais dos cidadãos, tais como propriedade, liberdade e segurança. A origem desse inconveniente (das maiorias articuladas) provém, geralmente, de governos fundados sobre o poder hereditário ou estabelecidos pela força, que modernamente designamos de *demagogia*.[207]

Dito inconveniente deveria ser refreado, segundo Madison, por um complexo sistema organizacional de subdivisão da sociedade em partidos, compreendendo interesses e classes diversas, dificultando a infiltração viciada de maiorias facciosas (*factious majorites*). A extensão do território e o crescimento do contingente populacional ajudam no florescimento de interesses e segmentos distintos, refreando ações contrárias aos anseios de liberdade do povo. No fundo, é uma forma democrática de dividir o risco, repartir as decisões, diminuir as incertezas, aumentar a possibilidade de acertos, democratizar e coligar as opiniões, criando um ambiente propício ao desenvolvimento racional institucionalizado da

---

[205] Cf. SOUZA JUNIOR, Cezar Saldanha. Estudo Introdutório: Em Torno do Sentido do Federalimo. In: SOUZA JUNIOR, Cezar Saldanha; ÁVILA, Marta (Coord.) *Direito do Estado:* estudos sobre federalismo. Porto Alegre: Dora Luzzatto, 2007, p. 18-19.

[206] Expressão utilizada por Ibid., p. 19.

[207] Expressão utilizada por SOUZA JUNIOR, Cezar Saldanha. Estudo Introdutório: Em Torno do Sentido do Federalimo. In: SOUZA JUNIOR, Cezar Saldanha; ÁVILA, Marta (Coord.) *Direito do Estado:* estudos sobre federalismo. Porto Alegre: Dora Luzzatto, 2007, p. 19.

liberdade. A república federativa deveria assumir este papel de sintonia entre extensão territorial e interesses difusos. Assim termina Madison seus conselhos no *Paper* 51:

> In the extended republic of the United States, and among the great variety of interests, parties, and sects which it embraces, a coalition of a majority of the whole society could seldom take place on any other principles than those of justice and the general good; whilst there being thus less danger to a minor from the will of a major party, there must be less pretext, also, to provide for the security of the former, by introducing into the government a will not dependent on the latter, or, in other words, a will not dependent of the society itself. It is no less certain than it is important, notwithstanding the contrary opinions which have been entertained, that the larger the society, provided it lie within a practicable sphere, the more duly capable it will be of self-government. And happily for the republican cause, the practicable sphere may be carried to a very great extent by a judicious modification and mixture of the federal principle.[208]

Como vimos, no desenvolvimento do federalismo norte-americano, o acento em Montesquieu é originário dos próprios pais fundadores da federação. Foram eles que resolveram tirar consequências de *O Espírito das Leis* e reforçar seus argumentos em torno do sentido do federalismo moderno que queriam implantar.

Em verdade, encontramos pistas do surgimento do ideal federativo de Montesquieu, pela primeira vez, em Carré de Malberg, que em nota de rodapé nos diria que "Montesquieu (Esprit des lois, lib. IX, cap. I) y Rousseau (Considérations sur le gouvernement de Pologne, cap. V) ya habían recomendado el gobierno federativo como el único que reúne las ventajas de los grandes y pequeños Estados".[209]

Encontramos, ainda, em mais um autor, a confirmação de nossa tese da necessidade de se federar as repúblicas, e do pioneirismo de Monstesquieu neste *desideratum*. Nada menos que em sede de introdução intitulada a gênese do constitucionalismo americano (*The Genesis of American Constitutionalism*) Solberg voltava a Montesquieu para afirmar a influência deste francês no constitucionalismo norte-americano. Dava maior acento na teoria da república federativa do que na própria clássica teoria da separação dos poderes. O último parágrafo do ponto dedicado a Montesquieu fala exatamente do problema de remediar a extensão dos Estados, em que pequenas repúblicas sofrem o problema da invasão externa, e as grandes monarquias sofrem o problema dos governos despóticos. A velha lição é repetida:

---

[208] HAMILTON; MADISON; JAY, *The Federalist...*, n.° LI, p. 322.

[209] CARRÉ DE MALBERG, Raymond. *Teoría General del Estado*. México: Fondo de Cultura Económica, 1998, p. 98.

> Montesquieu was primarily responsible for the deliberators in Philadelphia being haunted by the fixed belief that America's immense size threatened its national future. His statement that foreign force could easily destroy small republics – which the Revolutionary generation knew from experience – was granted, but his contention that internal imperfections ruined large republics caused deep concern. To insure republican government over a vast expanse required force and energy which were, as history amply taught, concomitants of tyranny. How avoid that dilemma in 1787?Montesquieu recommended several small states establishing a large one, as in the Lycian Confederacy – what he called a confederate republic. His remarks were not lost on Convention delegates.[210]

Esta foi a bandeira levantada pelos federalistas e por Montesquieu. O federalismo norte-americano, no entanto, ganhou contornos diferentes. Sua origem acabou marcando uma duplicidade de competências (federalismo dual),[211] em que os Estados se regem e se organizam pelas leis e constituições que adotarem, e todos cedem espaço de sua liberdade em prol de um todo maior, restrito unicamente ao necessário para unidade interna, proteção externa, garantia da liberdade e dos direitos fundamentais.

O mínimo possível de competências ficaria a cargo da União, e esta duplicidade de níveis faz parte da história dos Estados Unidos. Ademais, esta dualidade atende bem o espírito liberal desta nação, que desde a sua formação primava pelo ideal de liberdade, de individualismo, de não intervencionismo. Assim que o mecanismo de funcionamento engendrado pelo federalismo dual, de um lado, reforça a dualidade de competências com poucas atribuições à União; de outro, acaba estimulando a competição entre os Estados, que não aceitam a intervenção senão restrita por parte da União. A máxima dessa decisão foi adotada pelo já citado texto constitucional, no artigo X: "The powers not delegated to the United States by the Constitutions, nor prohibited by it to the States, are reserved to the States respectively, or to the people".

Vejamos o excepcionalismo norte-americano liberal, base de sustentação do federalismo competitivo dual. Modelo posteriormente importado para vários países do mundo, em que destacamos o Brasil (Dec. n°. 1, de 15 de novembro de 1889).

---

[210] SOLBERG, Wiston U. *The Federal Convention and the Formation of the Union of the American States*. Indianapolis: Bobbs-Merrill, 1958, p. XXXIX-XL.

[211] jorge miranda falava em "uma maneira de ver dualista da organização federal", sendo que esta "dualidade de Estados não tem de significar separação ou polarização. A dupla estrutura de sobreposição e de participação só pode sobreviver com integração política e jurídica; e esse papel cabe à Constituição federal". (MIRANDA, Jorge. *Manual de Direito Constitucional*. 5. ed. Coimbra: Coimbra, 2004, v. 3, p. 286-287).

19. O excepcionalismo norte-americano[212]

A *república federativa* desenvolvida em teoria por Montesquieu foi colocada em prática pelos norte-americanos com a Constituição Republicana de 1789. Desenvolveram uma forma concreta, constitucional e institucional de implantar o modelo político liberal adequado às peculiaridades do seu povo, recém independizado da monarquia britânica. A *res* (coisa) *publica* (pública) era pensada como a única forma de governo capaz de evitar as bases da Monarquia despótica, tão combatida pelos Estados Unidos.

O federalismo republicano institucionalizado pelos norte-americanos colocou as traves do que viria a ser, futuramente, o modelo de federalismo dual copiado pelos demais países que seguiram a linha liberal de federalismo, sobretudo os países da América Ibérica. As linhas do federalismo republicano norte-americano podem ser definidas da seguinte forma: (1) Governo Central e governos estaduais, resultado direto da união de Estados autônomos; (2) Divisão dos poderes entre governo central e federal, com atuação restrita de cada um ao seu território; (3) Supremacia do poder nacional em detrimento do(s) poder(es) local(is); (4) bem como o reconhecimento de mecanismos de execução das leis.

O federalismo implantado nestes moldes converge, no todo ou em parte, para uma dualidade de competências, reforçando a natural competitividade dos norte-americanos que florescia juntamente com o espírito de liberdade demonstrado nas suas origens. Corpos independentes, individualistas e liberais podem ser sentidos desde os tempos da Confederação. Não esqueçamos que os conselhos dos pais federalistas foram sempre no sentido de unidade: reforçar os laços confederativos, evitar a natural desagregação, encontrar formas para que conseguissem aprovisionar recursos à união, fatores, portanto, sentidos e incrustados no espírito dos norte-americanos. Todas as características do federalismo republicano de bases liberais decorrem do excepcionalismo norte-americano,[213] a seguir tratado.

---

[212] Este é o título da obra de Seymour Martin Lipset: *American Exceptionalism*, aprofundado, posteriormente em outras obras: *The First New Nation: The United States in Historical and Comparative Perspective*, publicada em 1963 (Existe tradução para o Português sob o seguinte título: *A sociedade Americana: uma análise histórica e comparada*. Tradução de Mário Salviano. Rio de Janeiro: Zahar Editores, 1966); e, mais recentemente, em 1990: *Continental Divide: The Values and Institutions of the United States and Canada*. Mas o primeiro a tratar do excepcionalismo norte-americano, da democracia americana comparativamente foi o clássico livro de TOCQUEVILLE, Aléxis de. *A Democracia na América*. Tradução de Eduardo Brandão. São Paulo: Martins Fontes, 1998.

[213] A excepcionalidade dos Estados Unidos, uma faca de dois gumes, título da obra de Lipset procura demonstrar que ser "o melhor", "o maior", "o mais civilizado", "a cultura superior", tem dois lados.

A formação dos Estados Unidos tem por base valores uniformes, sentimentos comuns, ideais igualitários, que diferentemente da maioria dos Estados Europeus – presos às reminiscências da idade média – enxergam a comunidade em camadas ou estruturas sociais, de organização aristocrática, feudal, ou outra forma de hierarquização.[214] Podemos dizer que enquanto os Estados Unidos primam por uma relação horizontal, os europeus, preservam uma verticalidade, *noblesse*, estamentos. Entretanto, os americanos não se contaminaram por este *modus vivendi*. Uma sociedade recém-formada, com organização social de baixo para cima, e não de cima para baixo, não sofreria desses males.[215] Ela nasce pelos ideais de progresso, de bem viver, sem frescura, sem pompa, sem rococó, avessa à hierarquia, onde a nobreza cheira a mofo, é coisa do passado, e já fora expelida com a independência. Este, no fundo, o sentimento dos americanos.[216]

Max Weber insistia que Estados Unidos era o único país puramente burguês, não apresentando elementos pseudofeudais em sua origem. Na formação americana os antecedentes medievais ingleses, as próprias instituições não foram contaminadas pela ideia aristocrática europeia. Na verdade, a ética protestante mitigou esses elementos aristocráticos. Todos esses fatores ajudaram no desenvolvimento econômico e na formação dos valores dos norte-americanos. A orientação secular, o liberalismo, a tradição protestante facilitaram o surgimento do capitalismo segundo Weber.[217] Já nos países europeus e na Ásia há uma relação direta entre em-

---

Melhor em que sentido? Se se é melhor em um sentido, não se é pior em outro? Sob que ponto de vista eles são os melhores? Realmente são melhores? O que Lipset está querendo realmente demonstrar é a exceção que os Estados Unidos representam na história; exceção que pode ser vista sob diversos aspectos: pontos fortes e pontos fracos. Certamente é a primeira nação nova, a primeira a se tornar independente da metrópole, a primeira a aplicar o federalismo como modernamente conhecemos, a grande potencia mundial... Mas não apresenta desvantagens? Não é a nação mais odiada, e ao mesmo tempo mais amada? Quem não toma coca-cola light? Quem não come McDonald's? Quem não fica *in love*? Quem não assiste as monumentais filmes americanos, ao Oscar, e, ao mesmo tempo critica essa nação, essa cultura, essa guerra no Iraque? Vale a pena a leitura da obra de um jornalista francês que critica a obsessão antiamericana, dando argumentos científicos e explicando o porquê de tanto ódio. (REVEL, Jean-François. *A Obsessão Anti-americana*. Tradução de Victor Antunes. Lisboa: Bertrand, 2003, passim).

[214] LIPSET chega a ver esta diferença entre Estados Unidos norte e sul, ou Canadá Francês e Inglês, na medida em que os Canadenses ficaram, mais que os Americanos, ligados aos valores aristocráticos, sentido diferenças, mesmo que pequenas, entre o norte e o sul dos Estados Unidos, entre leste e oeste do Canadá. (LIPSET, Seymour Martin. *Revolution and Counterrevolution*: change and persistence in social structures. New York: Anchor Books, 1970, p. 90 et seq.).

[215] Sobre a formação das sociedades de cima para baixo e de baixo para cima ver, SOUZA JUNIOR, *A Crise...*, p. 59-63.

[216] Ver LIPSET, Seymour Martin. *El excepcionalismo norteamericano:* uma espada de dos filos. Tradução de Mônica Utrilla. México: Fondo de Cultura Econóica, 2000, p. 15 e p. 33.

[217] Ver capítulo II de WEBER, Max. *A ética protestante e o espíruto do capitalismo*. Tradução de José Marcos Mariani de Macedo. São Paulo: Companhia das Letras, 2004, p. 41-69.

presa e governo se comparado com os Estados Unidos, fazendo com que a economia não cresça nos mesmos moldes da americana. Uma atitude liberal não intervencionista favorece a competição, colocando os Estados Unidos como a economia mais competitiva do mundo.[218]

Necessário se faz entender por que, na cultura norte-americana, o liberalismo[219] está tão presente. Este pressuposto nos ajudará a delimitar as bases do federalismo republicano. Importa ressaltar que o liberalismo é refletido em vários aspectos da sociedade norte-americana. Assim, veremos a relação do igualitarismo, da religiosidade, do individualismo, do laissez-faire com o liberalismo...

Vejamos em pormenores todas essas particularidades de uma perspectiva comparada, pois como mesmo disse Lipset: "Los que solo conocen un país no conocen ninguno".[220]

Os partidos políticos, mesmo hoje, nos Estados Unidos, apresentam dos mais radicais aos mais moderados, da direita à esquerda um consenso em torno do liberalismo. Podemos dizer que os partidos de uma forma ou de outra são liberais, são liberais os moderados, são liberais os radicais, todos são liberais.[221] A consciência e a preferência pelo liberalismo, o duopólio partidário americano, e a apatia de tentativas socialistas chegarem ao poder confirmam o liberalismo americano. Assim mostrou Lipset:

> É também preciso explicar por que razão o Partido Socialista não conseguiu igualar o desempenho de outros terceiros partidos. Desde a Guerra Civil, a prestação eleitoral dos socialistas foi eclipsada pelos Greernbackers, com mais de um milhão de votos nas eleições intercalares de 1878, pelos Populistas, com mais de um milhão de votos (8,5 por cento) nas eleições presidenciais de 1892 e um milhão e meio de votos em 1894, pelos 16,6 por cento de La Follette nas eleições presidenciaisde 1924, e, já depois da Segunda Guerra Mundial, pelas candidaturas de George Wallace, John Anderson e Ross Perot. Nenhum candidato socialista conseguiu alguma vez ser veículo de qualquer grande protesto nos Estados Unidos. **Nunca os eleitores do país do liberalismo, do antiestatismo, do libertarianismo e da estrutura de classes aberta se voltaram para partidos estatistas e eivados de consciência de classe, mesmo nas mais graves condições de tensão econômica.**[222] (negritos nossos)

---

[218] *Cf.* LIPSET, op. cit., p. 67-74.

[219] A doutrina acerca do liberalismo é farta, por todos, ver: MISSES, Ludwig Von. *Liberalismo:* segundo a tradição clássica. Tradução de Haydn Coutinho Pimenta. Rio de Janeiro: 1987, passim; e BURDEAU, Georges. *Le Libéralisme.* Paris: Éditions du Seuil, 1979, passim. Interessante observar, ainda, um estudo comparativo entre o Estado Liberal Clássico, o Estado Social Contemporâneo e o Estado Liberal Pluralista (SOUZA JUNIOR, Cezar Saldanha. *Consenso e Tipos de Estado no Ocidente.* Porto Alegre: Sagra Luzzatto, 2002).

[220] LIPSET, op. cit., p. 13.

[221] *Cf.* Ibid., p. 15; ver ainda: LIPSET, Seymour Martin. *Por que não houve socialismo na América?* Tradução de Mario Correia e Victor Antunes. Lisboa: Quetzal, 2001, capítulo II.

[222] LIPSET, *Por que não...*, p. 95.

As reminiscências históricas da Declaração de Independência demonstram uma consciência praticamente universal nos Estados Unidos pela liberdade. Na Europa, diferentemente, há uma identidade arraigada na história e outra na ideologia. O mesmo não acontece nos Estados Unidos, pois como disse Richard Hofstadter: *Ha sido nuestro destino como nación no tener ideologías, sino ser uma.*[223] O consenso em torno do sentido liberal representa um compromisso, um pacto, um contrato, no qual os que destoam de tal *desideratum* deixam de ser americanos.[224]

Entretanto, este liberalismo apresenta peculiaridades:[225] os *cidadãos* norte-americanos respaldados na Constituição reforçam seus direitos contra o Estado. Protegem-se não somente contra o Estado, mas também contra o indivíduo. Possuem, assim, um alto índice de advogados *per capita*, bem como altíssimos índices de litígios, danos e prejuízos. Tratam com desdém a autoridade. Renunciam depender dos demais, inclusive da própria família. *Os Estados Unidos*, por sua vez, representam a nação mais antiestatal, mais legalista e mais orientada aos seus direitos. Reforçam os direitos das minorias (negros e mulheres). Possuem um dos mais altos índices de delinquência, maior número de pessoas presas, um dos menores índices de participação em votações no mundo desenvolvido.[226]

No plano socioeconômico, o igualitarismo deve ser ressaltado como um dos aspectos do liberalismo norte-americano. Neste sentido, destacamos as lições de Tocqueville, adaptadas por Lipset, ao referir que a igualdade vigente nos Estados Unidos consiste na igualdade de oportunidade e respeito mútuo, e não na igualdade de resultado, ou de condição. O critério de desempate vem a ser a meritocracia, criando um ambiente competitivo em uma sociedade totalmente aberta. Desta forma, o sistema socioeconômico norte-americano baseia-se na livre iniciativa, no respeito à propriedade privada (valor essencial ao liberalismo).[227]

A forma como é tratada a religiosidade nos Estados Unidos também evidencia o liberalismo norte-americano. A religião não é – e nunca foi – questão de Estado, ou política de Estado. As religiões existentes nos

---

[223] LIPSET, *El excepcionalismo...*, p. 15.

[224] Cf. Ibid., p. 33-35.

[225] O liberalismo e a resistência à autoridade podem ser observados ainda quando os governos canadenses e norte-americanos tentaram modificar o sistema de pesos e medidas existentes nestes países, considerados antiquados e menos lógicos o uso de milhas, polegadas e libras. Ficou estabelecido, assim, que em um lapso de 15 anos dever-se-ia usar o sistema de medidas métricas, contudo os dois sistemas poderiam ser usados até determinada dada. O que constatou-se? Os canadenses deram maior respeito, dependendo mais do Estado, aplicando hoje o sistema métrico. Já os norte-americanos passaram por cima de tal política, e o sistema de medidas continua a ser milhas, o peso em libras e a temperatura em Fahrenheit. (Cf. Ibid., p. 19).

[226] Cf. LIPSET, *El excepcionalismo...*, p. 13-30.

[227] Ver o capítulo II de Ibid.

Estados Unidos não recebem apoio do Estado. Cada uma delas tem seus próprios fundos, suas receitas e despesas organizadas pela sociedade civil. Em contrapartida, os Estados Unidos são um dos países mais religiosos da cristandade. Perde, talvez, para países como a Polônia e a Irlanda; mas desponta, certamente, entre os primeiros do mundo.[228]

Todos os elementos já expostos, tais como, a declaração de independência, o liberalismo, o igualitarismo, a livre concorrência e a religiosidade, são vieses de um mesmo sentimento de liberdade. O liberalismo americano encontrou na tripartição dos poderes de Montesquieu o campo doutrinário capaz de limitar a ingerência do Estado no domínio privado. Não menos importante para sustentar o liberalismo norte-americano foi a teoria da *república federativa*. Esta auxiliou os pais federalistas a formar um ambiente institucional propício e delimitador das esferas competitivas: governo central e governo federal. Conjugando-se a separação dos poderes, com o federalismo competitivo dual, o resultado há de ser a maximização do liberalismo.

20. Federalismo competitivo[229] dual

Todo o excepcionalismo da formação da história dos Estados Unidos converge para a formação de uma dualidade de competências. A divisão entre o poder central e o poder local, entre o governo de Washington e os governos Estaduais estabelecida pela Constituição federal recebeu o nome de *federalismo dualista*. Tais governos, nas palavras de Schwartz eram: "mutuamente exclusivos, reciprocamente limitativos".[230] Esta doutrina do federalismo dualista atribuía uma área de poder rigorosamente delimitada para cada esfera. Assim, tanto o governo federal quanto os governos estaduais não excedem os limites que lhes foram impostos pela Constituição.[231]

---

[228] Cf. Ibid, p. 16 *et seq.*

[229] A originalidade do termo não é nossa. Ronald L. Watts, faz, mesmo que sucintamente, uma diferenciação entre federalismo competitivo e federalismo cooperativo. (WATTS, Ronald L. *Sistemas Federales Comparados*. Madrid: Marcial Pons, 2006, p. 168-169); Ver ainda, SOUZA JUNIOR, Cezar Saldanha. Estudo Introdutório: Em Torno do Sentido do Federalimo. In: SOUZA JUNIOR, Cezar Saldanha; ÁVILA, Marta (Coord.) *Direito do Estado:* estudos sobre federalismo. Porto Alegre: Dora Luzzatto, 2007, parte seis. Merece destaque, Schwartz ao referir que o federalismo norte-americano se baseia no princípio da competição. (SCHWARTZ, Bernard. *Direito Constitucional Americano*. Tradução de Carlos Nayfeld. São Paulo: Forense, 1966, p. 63).

[230] Ver nota 5.

[231] Cf. SCHWARTZ, op. cit., p. 45.

Os Estados que formaram o sistema de federalismo norte-americano mantiveram poderes sólidos em suas mãos, só entregando ao poder central o expressamente enumerado no texto constitucional por eles redigido. Assim os americanos, hoje sabemos, queriam assegurar que o Governo Federal não se tornasse forte o suficiente a ponto de eliminar a autonomia dos Estados-Membros. Protegeram-se de duas formas: primeiro, *limitando* a extensão do poder central ao *expressamente* concedido; segundo, *liberando* o poder local para exercer competência plena, ressalvadas as hipóteses de *vedação* expressa.[232]

Nasce desse complexo arranjo institucional – governo federal *versus* governo estadual – características que fazem dos Estados Unidos da América o modelo paradigma a ser copiado pelos federalismos contemporâneos, elencados por Corwin,[233] em cinco grandes características: (a) união de Estados autônomos; (b) divisão dos poderes legislativos (entre o governo federal e os governos estaduais); (c) atuação dos governos restrita aos seus territórios; (d) mecanismos de execução da lei; e (e) supremacia do poder nacional.[234]

O próprio Brasil, com a Constituição de 1891, iria copiar, no todo ou em parte, os institutos testados e aprimorados pelo federalismo norte-americano. Tanto é que, se compararmos as características do federalismo brasileiro (claro que a descentralização e outros avanços dos americanos devem ser ressalvados) com as do norte-americano veremos as semelhanças. Vejamos duas caracterizações do federalismo pela doutrina brasileira, uma mais clássica, outra mais moderna, respectivamente:

1. Descentralização por via de constituição rígida, em que os 2. Estados federados são coletividades administrativas e constitucionalmente autônomas, e 3. participam sempre, com maior ou menor extensão, nas deliberações da União.[235]

2. a decisão constituinte criadora do Estado Federal e de suas partes indissociáveis, a Federação ou União, e os Estados-Membros; 2. a repartição de competências entre a Federação e os Estados-Membros; 3. o poder de auto-organização constitucional dos Estados-Membros, atribuindo-lhes autonomia constitucional; 4. a intervenção federal, instrumento para reestabelecer o equilíbrio federativo, em casos constitucionalmente definidos; 5. a Câmara dos Estados, como órgão do Poder Legislativo Federal, para permitir a

---

[232] Ver Ibid., p. 47-48.

[233] CORWIN, E. S. *The Government of the United States of America: Analysis and Interpretation*, 1950, p. 95. apud Ibid., p. 49).

[234] Bernard Schwartz repete (com terminologia diferente) a conceituação de Corwin sobre o federalismo: (1) união de Estados Autônomos; (2) Divisão de poderes entre Nações e Estados; (3) Atuação direta dos Estados e da Nação sobre todos aqueles existentes dentro de seus limites territoriais; (4) posse, pelos Estados e pela Nação, do mecanismo completo de Imposição da Lei e (5) A supremacia do poder nacional por Imposição Judicial. (SCHWARTZ, Bernard. *O Federalismo Norte-Americano Atual*. Forense Universitária, 1984, p. 9-25).

[235] BANDEIRA DE MELLO, *Natureza...*, p. 128.

participação dos Estados-Membros na formação da legislação federal; 6. a titularidade dos Estados-Membros, através de suas Assembléias Legislativas, em número qualificado, para propor emenda à Constituição Federal; 7. a criação de novo Estada ou modificação territorial de Estado existente dependendo da aquiescência da população do Estado afetado; 8. a existência no Poder Judiciário Federal de um Supremo Tribunal ou Corte Suprema, para interpretar e proteger a Constituição Federal, e dirimir litígios ou conflitos entre a União, os Estados e outras pessoas jurídicas de direito interno.[236]

Mas voltando a classificação de Corwin, iremos desenvolver os cinco elementos supracitados:

A União dos Estados autônomos parece estar diretamente legitimada pelo povo. É o que dá a entender o preâmbulo da Constituição dos Estados Unidos da América, ao afirmar: "We the people of the United States, in attempt to form a more perfect union...". Foram, entretanto, os representantes dos treze Estados soberanos que formaram a Constituição dos Estados Unidos. Referida União implicou a renúncia de atributos importantes por parte dos Estados. Eles perderam sua soberania, e alguns dos seus direitos para formar uma união mais sólida que primasse pela perpetuidade e indissolubilidade. Mantiveram, entretanto, suas autonomias.[237]

A divisão dos poderes legislativos, executivos e tributários, entre governo federal e governos estaduais eram imprescindíveis à manutenção da autonomia dos Estados-Membros. Ninguém sustentava a possibilidade de quebrar as linhas que separavam os Estados.[238] Seria impossível formar um corpo unitário ou um bloco uniforme aos Estados Unidos da América. Pelo contrário, nas discussões acerca da elaboração da Constituição de 1787, os representantes dos Estados procuravam reforçar as prerrogativas dos mesmos, ao manter seu mesmo nome, impor limites ao governo central, verem respeitados seus direitos, bem como admitir a possibilidade do Congresso aceitar novos Estados ao vínculo firmado (em 1912, o Novo México e Arizona integraram os Estados Unidos da América).[239]

Assim a união dos Estados autônomos assentou-se sobre a base de poderes expressos ou enumerados à união; residuais ou remanescentes aos Estados. Os estados reservam-se os poderes não expressamente ou-

---

[236] MACHADO HORTA, *Direito...*, p. 307.

[237] Cf. SCHWARTZ, *Direito...*, p. 49.

[238] Diz a lenda que Hamilton, no auge de sua indignação chegara a sustentar que os Estados deveriam ser abolidos, tendo em vista os entraves que colocavam à centralização nacional. Claro que este deslize de Hamilton foi exarado no calor da raiva que sentia pelo obstrucionismo dos Estados. (SCHWARTZ, *Direito...*, p. 51).

[239] A possibilidade do Congresso admitir novos Estados à União aparece bem explicado em CORWIN, Edward S. *A Constituição Norte-Americana e seu Significado Atual*. Rio de Janeiro: Zahar, 1959, artigo IV, Secção III.

torgados ao governo de Washington. Este princípio parecia estar implícito na Constituição, gerando dúvidas acerca da sua existência. Tais dúvidas foram eliminadas, ou ratificadas se já constassem da leitura do texto, com a edição da emenda X. Assim corroborou-se a intenção do povo americano desde a sua formação, dar o mínimo à união; o máximo aos Estados.[240] A divisão dos poderes entre governo federal e estadual não nega a coordenação entre eles. Não esqueçamos o que disse Wheare: "By the federal principle I mean the method of dividing powers so that the general and regional governments are each, within a sphere, co-ordinate and independent".[241]

Outra característica do federalismo competitivo dual está na **atuação dos governos dentro de seus limites territoriais**. Ficou assentado pelo constitucionalismo norte-americano que cada governo (nacional e estadual), dentro de sua esfera de competência, possuía poderes próprios. Contudo, com a implantação do federalismo os Estados membros abdicara de sua soberania, o que favoreceu o governo da União, pois estendeu sua autoridade tanto sobre os Estados-Membros, quanto sobre os cidadãos. O governo na União não depende mais (como ocorria na Confederação) da autorização dos Estados para assegurar suas ordens. Assim, os cidadãos vivem sob a égide de duas ordens: do governo central e do governo local.

Os Estados e a reunião deles devem possuir **mecanismos de execução das leis,** executivo ou judiciário, capacitados para fazerem valer as suas determinações. Se uma das esferas dependesse da outra para a execução de suas ordens, a mesma teria sua autonomia prejudicada. Temos, assim, uma duplicação da máquina burocrática do Estado. Tanto o governo central, quanto os governos locais possuem órgãos legislativo, executivo e judiciário. Cada estado possui sua Constituição, e todos possuem a mesma Constituição federal. Todos estes fatores auxiliam a atuação dos governos dentro de suas respectivas esferas.[242]

Apontamos como última característica do federalismo norte-americano a necessidade de se reconhecer a **supremacia ao poder nacional**. De fato, a coexistência de duas ordens de poder, capazes de exercer funções

---

[240] Interessante observar nos Estados Unidos a completa falta de sintonia, ainda hoje, entre a União e os Estados, nas políticas cooperativas. Recentemente, cabe citar a catástrofe ocorrida no Município de Nova Orleans, em que fica patente a completa falta de cooperação política por parte da União e do Estado do Mississipi, para com o Município afetado. Este exemplo aparece em: SOUZA JUNIOR, Cezar Saldanha. Estudo Introdutório: Em Torno do Sentido do Federalimo. In: SOUZA JUNIOR, Cezar Saldanha; ÁVILA, Marta (Coord.) *Direito do Estado:* estudos sobre federalismo. Porto Alegre: Dora Luzzatto, 2007, p. 19.

[241] WHEARE, *Federal...*, p. 10.

[242] SCHWARTZ, *Direito...*, p. 56-58.

governamentais, na mesma área territorial, gera conflitos entre elas. Fez-se necessária a criação de um meio eficaz para o funcionamento do sistema federativo: a supremacia do governo nacional (artigo VI).[243] Eventuais conflitos são submetidos à Suprema Corte, que já se manifestou no sentido de reforçar o já citado artigo VI.[244]

Vale lembrar, no atinente à supremacia do poder nacional, o famoso caso de *Gibbons v. Ogden*[245] em que a Suprema Corte decidiu serem nulos e írritos alguns estatutos de Nova Iorque que propugnavam o uso exclusivo da navegação a vapor nas águas do referido Estado, por contrariarem determinação do governo federal que permitia a navegação das embarcações para realizar o comércio costeiro. O presente caso foi decidido com base no famoso precedente exarado por Marshall, onde ficou assentado que se uma lei for aprovada por um Estado e entrar em conflito com lei[246] aprovada pelo Congresso, deve-se anular a primeira em detrimento da segunda. Temos neste caso não somente a supremacia da própria Constituição (que por si só já anularia a lei confrontada), como também nos estatutos realizados em conformidade com ela.[247]

O federalismo de divisão de competências entre o governo central e o governo local recebe o nome de *federalismo dualista*. Esta concepção de dois campos de poder com atribuições específicas dentro de cada esfera, impede a ingerência de um poder sobre o outro. Se ambos os governos ficarem restritos aos limites de sua competência não será necessária a intervenção. Schwartz mencionava que esta concepção de federalismo se baseava no princípio da **competição** entre os Estados e a União. As competências correspondentes a cada uma das esferas de poder são rigorosamente delimitadas, a exceção das competências em que há a concorrência entre elas.[248]

---

[243] Cf. Ibid., p. 59-61.

[244] Artigo VI "Esta Constituição, as leis dos Estados Unidos ditadas em virtude delas e todos os tratados celebrados ou que se celebrarem sob a autoridade dos Estados Unidos constituirão a lei suprema do país; e os juízes em cada estado serão sujeitos a ela, ficando sem efeito qualquer disposição em contrário na Constituição e nas leis de qualquer dos estados".

[245] Ver em mais detalhes HALL. Kermit L. *The Oxford Guide to United States Supreme Court Decisions*. New York: Oxford University, 1999, p. 104 *et seq*.

[246] Importante ressaltar no *common law* que o ato do parlamento só vira direito quando recebe a chancela do poder judiciário, antes disso não passa de uma possível fonte de direito. WALDRON, Jeremy. *The Dignity of Legislation*. Cambridge: Cambridge University, 1999, p. 11, referia: "A bill does not become law simply by being enacted, or taking its place in Halsbury or in the statute book. It becomes law only when it starts to play a role in the life of the community, and we cannot tell what law it is that hás been created – until the thing begins to be administered and interpreted by tho courts. Considered as a piece of paper with the stamp of parliamentary approval, a statute is not law, but only a possible source of law".

[247] Cf. SCHWARTZ, *Direito...*, p. 61.

[248] Cf. Ibid., p. 63-65.

O federalismo competitivo dual resulta do excepcionalismo norte-americano. A independência dos Estados Unidos demonstra uma história de formação de individualidades, reforça o liberalismo, exalta a excepcionalidade deste povo. Estes fatores criaram um ambiente fértil para o desenvolvimento do federalismo dual de base competitiva. Este, enquanto arranjo institucional superou os entraves encontrados na Confederação. Esta linha de federalismo seria adequada a países liberais, pois como bem disse Watts: "tal competitividad entre goviernos que sirven a unos mismos ciudadanos va a conseguir con toda probabilidad que se les presten mejores servicios".[249]

Diante das peculiaridades do federalismo competitivo dual e da sua expansão, destacamos o desafio do federalismo contemporâneo em conciliar esse viés liberal competitivo, com o viés social cooperativo desenvolvido pelo sistema imperial alemão, aprimorado no II pós-Guerra, o qual passamos a desenvolver.

Seção 2ª – O FEDERALISMO DE COOPERAÇÃO

> L'idea federalistica, adunque, è realizzata già *nell'Impero tedesco*, nella Svizzera e nell'Unione nord-americana; mentre l'Inghilterra cerca di elevare le sue colonie di origine germânica a Stati in fieri e a membri della Federazione futura.[250]

21. O Federalismo do II Reich: a ordem federal de raiz monárquica

Fato marcante no Brasil (e em toda a Ibero-América) é o entendimento, praticamente majoritário, do descompasso entre federalismo e monarquia. Arraigados ao pensamento liberal nascente e bem-sucedido dos Estados Unidos, passou-se a falsa ideia de que federalismo só era possível, ou mesmo viável nos estreitos limites de uma república.[251] O

---

[249] WATTS, Ronald L. *Sistemas Federales Comparados*. Madrid: Marcial Pons, 2006, p. 169.

[250] JELLINEK, Georg. *La dottrina Generale del Dirito Dello Stato*. Milano: Giuffrè, 1949.

[251] Ver SOUZA JUNIOR, Cezar Saldanha. Estudo Introdutório: Em Torno do Sentido do Federalimo. In: SOUZA JUNIOR, Cezar Saldanha; ÁVILA, Marta (Coord.) *Direito do Estado:* estudos sobre federalismo. Porto Alegre: Dora Luzzatto, 2007, p. 21.

próprio Rui Barbosa, à época da proclamação da república Ministro da Fazenda e interinamente da Justiça, nos dava testemunho deste fato, em trecho preciso, hoje clássico:

> Não somos uma federação de povos até ontem separados e reunidos de ontem para hoje. Pelo contrário, é da União que partimos. Na União nascemos. Na União se geraram e fecharam os olhos os nossos pais. Na União ainda não cessamos de estar. Para que a União seja a herança de nossa descendência, todos os sacrifícios serão poucos. A União é talvez o único benefício sem mescla que a monarquia nos assegurou. E um dos mais terríveis argumentos que a monarquia ameaçada viu surgir contra si, foi o de que o seu espírito centralizador tendia a dissolver a União pela reação crescente dos descontentamentos locais. Para não descer abaixo do Império, a República, a Federação, necessita de começar mostrando-se capaz de preservar a União, pelo menos tão bem quanto ele.[252]

Ou, ainda, Castro Nunes: "Ninguém se lembrou de dizer que o Brasil era um Estado Unitário que se federalizava dividindo-se em facções dotadas de certa porção de autonomia".[253]

Cabe mencionar, antes ainda de entrarmos nas especificidades do Império Alemão, a estranha peculiaridade de ter passado despercebido ao federalismo das Américas a experiência histórica de dez séculos do Sacro Império Romano-Germânico. Neste sentido, partiremos do império alemão (mesmo que fazendo algumas observações acerca do Sacro Império Romano-Germânico), passaremos pelo princípio democrático da ordem federal da República de Weimar (ponto 22), chegando ao federalismo social da República de Bonn (ponto 23). Todos e cada um desses momentos da história constitucional alemã mostraram especificidades de um mesmo federalismo associativo de bases naturais, respeitando interações e campos autônomos, pautados por um conjunto de princípios,[254] dentre os quais iremos destacar o federalismo socionatural de base cooperativa.

Não faltaram, entretanto, teorizadores que fundamentassem uma ordem federativa mesmo antes do Império Alemão, tais como as existentes entre os Estado Unidos da América do Norte, desde 1789, e a Liga da Alemanha do Norte, desde 1867. Em 1661, o Sacro Império Romano-Germânico, resultado da configuração engendrada pela Paz de Vestefália (1648), havia sido designado por Ludolph Hugo, como um *Estado comum*, onde os territórios particulares ficavam subordinados ao Estado superior.

---

[252] BARBOSA, Rui. *Obras completas*. Rio de Janeiro: Ministério da Educação e Saúde, 1946, v. 18, t. 1, p. 146.

[253] NUNES, José de Castro. *Do Estado Federado e sua Organização Municipal*. Rio de Janeiro: Leite Ribeiro & Maurillo, 1920, p. 70.

[254] Sobre a importância dos princípios à formação dos conceitos básicos do Estado de Direito ver, STERN, Klaus. *Derecho del Estado de la Republica Federal Alemana*. Madrid: Centro de Estúdios Constitucionales, 1987, p. 103 *et seq*; ver ainda, ROVIRA, Enoch Alberti. *Federalismo y Cooperacion en la Republica Federal Alemana*. Madrid: Centro de Estúdios Constitucionales, 1986, p. 9-11.

Tal realidade reflete um modelo de Estado Composto, formado por unidades federadas, repartindo-se claramente a soberania do Império com as unidades dos poderes territoriais. O aqui expressado denota àquela época traços do que hoje consideramos por federalismo.[255]

Mas o descompasso existente entre monarquia e federação na América não ganharia terreno em solo germânico. O federalismo monárquico do II Reich foi instituído e aprimorado a partir da Constituição de 1871, na figura de Otto von Bismarck, época em que havia uma divisão do território em mais de duas mil unidades políticas ou unidades autônomas.[256] A Alemanha, desde a Idade Média, tomava contato com mecanismos confederativos. Conheceu e praticou diferentes formas de associação, que foram das mais primitivas às mais modernas, coroadas pelo Império alemão: verdadeira conciliação (descentralização) da soberania de Império, com os Estados formados pela aglomeração de províncias.[257]

A organização política do Império Alemão sempre contou com partes políticas relativamente autônomas. O número de duas mil unidades políticas, mais de cem Estados autônomos, dificultava a centralização do território. Outro fator que dificultava a centralização estava na diferença de tamanho e de importância dessas unidades, uma vez que era tarefa difícil idealizar um mecanismo de operação conjunto de todas elas. Ademais, a Alemanha não possuía um ponto central (tal qual Paris era à França, Londres era à Inglaterra, Moscou era à Rússia ou Roma era à Itália) que pudesse engendrar tal centralização.[258]

Assim, o Reich Alemão conseguiu, ao longo do século XIX, abrandar as diferenças, estruturando a região, em distritos do Reich, delegando tarefas policiais. O Reich contava na maioria das vezes com o apoio dos Estados menores, tendo em vista que os domínios maiores (como Prússia, Baviera ou Hanôver) colocavam seus interesses em primeiro lugar.[259]

De um lado, a pressão externa de Napoleão; de outro, a pressão interna de algumas partes autônomas para tornarem-se maiores, e de gru-

---

[255] ZIPPELIUS, Reinhold. *Teoria Geral do Estado*. Lisboa: Fundação Calouste Gulbenkian. 1997, p. 510.

[256] SILVEIRA, Cláudia M. Toledo da. *O Estado Federal Alemão*. In: MAGALHÃES, José Luiz Quadros de (Coord.). *Pacto Federativo*. Belo Horizonte: Mandamentos, 2000, p. 75; Ellwein referia que "O atual federalismo alemão tem uma longa tradição de poder político fortemente estruturado. Na virada do século XVIII para o XIX, ele era – como um tapete de retalhos – formado por quase 2.000 Estados autônomos". (ELLWEIN, Thomas. Federalismo e autonomia administrativa: unidade para fora, diversidade para dentro. Um grande triunfo da história alemã. *Revista Deutschland*. São Paulo, n. 2, abr. 1996, p. 44).

[257] BARACHO, José Alfredo de Oliveira. *Teoria Geral do Federalismo*. Rio de Janeiro: Forense, 1986, p. 165.

[258] Cf. ELLWEIN, *Federalismo...*, p. 44-45.

[259] Cf. Ibid., p. 45.

pos de reformadores engendraram uma modernização no mapa político alemão. A *limpeza do mapa* iniciou com uma massa de pequenos Estados incorporados aos grandes (e que haviam sobrevivido à época de Napoleão).[260] Estes estados unidos crescerem em circunscrição territorial, e com a queda do Reich, formaram, em 1814, a Liga Alemã, composta por 39 Estados, uma verdadeira Confederação. Estes Estados mantiveram relações exteriores próprias de acordo com as suas possibilidades políticas.[261]

Entretanto, na primeira metade do século XIX, os países componentes desta Liga impulsionaram uma administração interna efetiva, com um sistema educacional forte e bem estruturado. Dava-se agora prioridade a política interna, sendo desenhado um novo quadro político ao mapa da Alemanha. Os países não só reforçaram, como também consolidaram o caráter de Estado dos países desta liga. A linha evolutiva do federalismo alemão queria a Constituição de um novo Reich com grande poder, e Estados autônomos vinculados à autoridade do mesmo. Tal tentativa viria a fracassar e a unificação alemã foi realizada pela Prússia, reduzindo novamente o número dos Estados Alemães.[262]

A nova tentativa de unificação alemã foi elaborada por Otto von Bismarck. Foram anexados novos Estados como Schleswig-Hollstein, Hanôver, Kurhessen, Nassau e a cidade de Frankfurt. Bismarck (chefe do governo prussiano) serviu-se do federalismo do Movimento da Paulskirche (verdadeiro projeto de Constituição, elaborado em 1848/49)[263] para formar as bases da Constituição do II Reich de 1871, compatibilizando a existência de um grande Estado, com os poderes dos príncipes das cidades livres no interior de cada *Land*.[264]

Como visto, a unidade da Alemanha foi iniciada pelo modelo de federalismo da Constituição de 16 de abril de 1871. O papel do princípio federal nesse processo de unificação delineou os fundamentos e o nascimento de uma *comunidade de príncipes e cidades livres alemãs*, criada para atuar em duas esferas: a do território federal e a dos poderes políticos dos *Länder*. O federalismo, já nessa fase de formação, cumpria um papel de integração, buscando harmonizar unidade na multiplicidade.[265]

---

[260] "Após a vitória sobre Napoleão: o Congresso de Viena, de 1814 a 1815, sob a presidência do príncipe Metternich, regulamenta a nova ordem da Europa. A Liga Alemã, uma união superficial de 39 estados, substituiria o antigo Reich". (Ibid., p. 45).

[261] Cf. Ibid., p. 45.

[262] Cf. Ibid., p. 46.

[263] Reivindicação política ocorrida no auge dos acontecimentos revolucionários de 1848 que queria a Constituição de um novo Reich. (Ver Ibid., p. 45-46).

[264] Cf. ELLWEIN, *Federalismo...*, p. 45; Ver ainda, ROVIRA, *Federalismo...*, p. 11.

[265] Ibid., p. 11, 12.

O pacto constitucional, para ser modificado, necessitava do consentimento do *Bundesrath* (órgão federal de representação governamental dos *Länder*). O direito de veto poderia ser exercido pela Prússia (que sozinha obtinha 17 votos), ou pelos demais *Länder*, necessitando de pelo menos 14 votos, o que fazia com que eles se aliassem para eventual oposição à revisão constitucional (artigo 78 da RV).[266]

Merece destaque também o desenvolvimento do princípio constitucional de fidelidade federal (*Bundestreue*, ou *bundesfreundliches Verhalten*), posteriormente adaptado, no todo ou em parte, à República de Bonn. Tal princípio nasceu atrelado à Constituição do Reich como resposta às exigências de boa-fé e confiança (*Treue und Glauben*) existentes nos tratados celebrados. O princípio da fidelidade federal foi habilmente utilizado pelo então Chanceler Bismark, para reforçar a direção unitária do Reich.[267]

Ao lado do *Bundesrath* (órgão federal de representação governamental dos *Länder*) havia o *Reichstag* (órgão parlamentar federal de representação popular direta). Cabe ressaltar que o sistema institucional adotado dava maior importância ao primeiro órgão, pois que se contrastados há uma identidade entre eles apenas no processo de aprovação das leis federais, no resto, cabia ao *Bundesrath* os poderes de direção administrativa e judicial, segundo o expresso no artigo 7 da RV.[268]

Um último ponto a ser destacado aparece no artigo 19 da RV, que determinava um procedimento de intervenção forçada no caso do descumprimento pelo *Länder* das determinações federais. Tal permissibilidade reduzida em texto constitucional nunca foi utilizada para solucionar conflitos entre o Reich e os *Länder*, ou mesmo os conflitos entre os *Länder*. Isto se deve ao fato de estes conflitos serem decididos pelo *Bundesrath*, que procurou sempre a via da negociação, do diálogo e da conciliação, atitude que comprava nossa tese, qual seja, o federalismo associativo natural de Althusius encontra respaldo já na ordem Imperial alemã.[269]

O federalismo aglutinador do Império Alemão demonstrou o ideal socionatural em sua inteireza. Os limites territoriais das mais de duas mil unidades políticas dependeram da obra política prussiana, operada por Otto von Bismarck, reduzidas na Constituição do Império de 1871. Todo este processo aglutinador corrobora os níveis naturais de convivência do federalismo desenvolvido por Althusius, que parte das associações mais primárias como o fizeram as províncias alemãs, que aglutinadas formaram Estados (mais de 100), e estes, o Império.

---

[266] ROVIRA, *Federalismo...*, p. 12.
[267] Ibid., p. 12-13.
[268] Ibid., p. 13.
[269] Ibid., p. 14.

Cabe ainda prestar homenagem para quem, a nosso sentir, melhor esboçou o escorço histórico de formação do federalismo de Império. Ouçamos, portanto, as palavras finais do capítulo das Uniões de Estados, de Jellinek, intitulado *"Lo Stato federale come única forma sana e normale delle unioni di Stati di natura politica"*, que pela precisão das suas ideias e clareza das suas conclusões, coloca em bases sólidas a existência do federalismo em território de Império:

> Se si considerano le unioni di Stati di natura politica sotto il loro aspetto storico-politico, ne risulta che l'unica loro forma sana e normale è lo Stato federale. Le unioni di Stati di diritto internazionale sono affette dalla incertezza della loro natura: il che è inerente a tutti gli accordi di diritto internazionale di natura politica. Le Confederazioni di Stati sono deboli e all'esterno e all'interno; le unioni reali, politicamente più durevoli, sono, dal canto loro, esposte continuamente a controversie interne, che tendono allá dissoluzione della unione. Le altre unioni di diritto internazionale sono, pertanto, in conformità di tutta la loro tendenza, di carattere transitorio: esse conducono o allo Stato unitario o di nuovo allo scioglimento del gruppo. Lo Stato di Stati non è più attualmente una formazione normale; ma bensì – come c'insegna la più recente storia dell'Impero turco – uno stadio nel processo di decomposizione di un organismo statale che si frantuma. Lo Stato federale, al contrario, è in grado di dar ela forma durevole per la configurazione della vita comune di una nazione o di una pluralità di frammenti di nazioni diverse, legate da destini comuni. E, in particolar modo, un *grande impero* potrà potentemente svilupparsi ben più facilmente nella forma federalistica anzichè in quella di uno Stato unitario, per quanto questo possa essere constituido in maniera decentrata. Per conseguenza, allo Stato federale è ancora riservata uma parte importante nella configurazione a venire del mondo degli Stati civili. Già, oggidì, esso costituisce la forma dominante sul continente americano. Ma anche l'Impero britannico potrà conservare a lungo le sue colonie soltanto se è in grado di realizzare l'idea Della Federazione imperiale, mentre oggidì già políticamente, se pure non giuridicamente, presenta il carattere di una confederazione di Statu, per giunta, molto allentata. Il mondo germânico, cui già adesso compete il posto direttivo nel generale sistema degli Stati e nell'avvenire competerà in misura ancora maggiore, è storicamente indirizzato a questo fine: ad elevare, cioè, lo Stato federale a forma normale della esistenza politica dei suoi popoli. Presentemente, non vi sono che solo dei minori organismi statali germanici – come i Paesi Bassi e la Danimarca –, i quali no siano conformati a Stato federale o non tendano ad una tale conformazione. La norvegia há disciolto, è vero, il vincolo, che l'aveva sinora legata alla Svezia; tuttavia, però, è riservata all'avvenire una più stretta unione degli Stati del Nord. L'idea federalistica, adunque, è realizzata già nell'Impero tedesco, nella Svizzera e nell'Unione nord-americana; mentre l'Inghilterra cerca di elevare le sue colonie di origine germânica a Stati in fieri e a membri della Federazione futura.[270]

---

[270] Se se considera a união dos Estados de natureza política desde um ponto de vista histórico-político, resulta que sua única forma normal e sã é a do Estado federal. As uniões político-internacionais têm a natureza incerta que nasce de que todos os pactos internacionais sejam de caráter político. A confederação de Estados é deficiente interna e externamente. As uniões reais mais duradouras politicamente, estão expostas as lutas que tendem a dissolução da união, e todas as demais uniões internacionais são, atendendo a sua tendência, de natureza contingente, pois condizem ao Estado unitário ou a dissolução da associação. O Estado de Estados não é atualmente uma formação normal, senão como mostra a história moderna do império turco, um estágio de processo de decomposição de um Estado que se arruína. O Estado federal, pelo contrário, pode ser a forma permanente da

22. O Federalismo da República de Weimar: a ordem federal nas bases do princípio democrático

Se o federalismo do Império construiu a Unidade da Alemanha a partir de um movimento de aglutinação dos reinos que formavam mais de duas mil unidades políticas, a República de Weimar tratou de substituir o fundamento contratual e o princípio monárquico do II Reich por uma soberania popular baseada no princípio democrático. Este princípio produziu um verdadeiro impacto na organização territorial do Estado alemão, pois de um lado viu-se um forte crescimento do poder federal e de outro uma diminuição da posição dos *Länder*. A supervalorização do poder federal em detrimento do poder dos *Länder* foi tamanha que se chegou a acreditar que o regime democrático vivenciado pela República de Weimar negasse o caráter federal.[271]

Tal movimento de centralização do poder nas instâncias centrais de legitimação democrática direta[272] foi uma reação ao federalismo do Império do II Reich que refreava a realização dos valores democráticos e nacionais agora instaurados com a República de Weimar. As origens da centralização engendrada em Weimar podem ser condensadas em três grandes fatores: (1) o acento dado à soberania popular em nível federal pelo artigo primeiro da Constituição Weimar (WV), exigindo uma legitimação democrática das instituições federais; (2) a ascensão do nacionalismo (mormente após a derrota da Alemanha na I Guerra Mundial) reforçado pelas condições impostas pelo tratado de Versalhes e (3) por

---

vida comum de uma nação, de uma variedade de nações, ou de partes destas unidas por uma sorte comum. Um grande império, especialmente, poderá desenvolver-se mais vigorosamente e com mais facilidade mediante uma forma federal que mediante uma forma de Estado unitário, por mais descentralizado que este seja. Por isto está reservado ao Estado federal um grande papel na futuras formações do mundo dos Estados civilizados. Hoje mesmo, já é a forma dominante no continente americano. O império britânico no poderá conservar de um modo permanente suas colônias se não realizar a ideia da federação imperial, ainda quando hoje, política, se não juridicamente, apresentar o caráter de um Estado federal, mesmo que de forma fraca. O mundo germânico que já ocupa hoje papel de destaque no sistema de Estados e ainda haverá de gozar em mais alto grau no futuro, foi chamado pela história a elevar o Estado federal a forma normal da existência política de seus povos. Atualmente só pequenos Estados germânicos, tais como os Países Baixos e Dinamarca, não ostentam uma forma federal, ou não intentam alcançar. É verdade que Noruega há rompido o laço que a unia até então com Suécia; porém, entretanto, se puede esperar para o futuro uma união estreita entre os Estados do Norte. A ideia federal se realizou já no império alemão, em Suíça e na União norte-americana, enquanto Inglaterra busca transformar suas colônias germânicas em Estados e fazer deles mais tarde membros da federação. (JELLINEK, Giorgio. *La dottrina Generale del Dirito Dello Stato*. Milano: Giuffrè, 1949, p. 301-302).

[271] Cf. ROVIRA, *Federalismo...*, p. 15.

[272] O artigo primeiro da Constituição de Weimar (WV) referia que os "*O império alemão é uma república. O poder do Estado é oriundo do povo*". Ver ROVIRA, *Federalismo...*, p. 16.

último, a abertura ao bem-estar social, ampliando as funções do Estado na escala federal.[273]

Este processo descrito, auxiliado pelos fatores históricos do desenvolvimento federal alemão marcaram um período de unitarismo, em que os poderes da federação se fortaleceram diante dos *Länder*. Este regime foi baseado no princípio democrático, contraditando os instrumentos utilizados sob a égide da Constituição do Império de 1871, que se ordenava nas bases do princípio monárquico. Toda centralização operada no federalismo de 1919 foi uma configuração institucional do regime de Weimar.[274]

Assim o *Reichstag* (órgão parlamentar federal de representação popular direta) recebe preponderância sobre o *Reichsrat* (órgão federal de representação governamental dos *Länder*), que no império alemão era denominado de *Bundesrath*. O povo expressa sua vontade de forma unitária, sendo interpretada e representada pelo órgão parlamentar federal, sem a mediação do órgão de representação dos *Länder*. Tal inovação da Constituição de Weimar de 1919 (WV) inverte a lógica do sistema que operava na Constituição do Império de 1871 (RV), pois este entregava ao *Bundesrath* os poderes de direção administrativa e judicial (7 da RV), enfraquecendo os poderes do Reichstag.[275]

A nova configuração juspolítica da República de Weimar, mesmo que centralizando os poderes nas mãos do *Reichstag*, acabou concedendo o direito de veto suspensivo em processo legislativo federal ao *Reichsrat*. Neste caso, o Presidente Federal pode provocar um *referendum* sobre o projeto vetado, salvo na possibilidade do *Reichstag* ratificar o mesmo por uma maioria de 2/3, caso em que cabe ao Presidente Federal optar entre a promulgação direta da lei, ou submeter o projeto a *referendum*. Esta permissibilidade aparece no artigo 74 da WV.[276]

O poder do *Reichsrat* fica restrito ao supracitado poder de veto. No mais, podemos dizer que seu poder é praticamente nulo. Um primeiro exemplo aparece na administração federal que é mínima. No campo jurídico, sua intervenção nos conflitos federais é substituída por uma incipiente jurisdição constitucional, de caráter independente. Para completar a supressão dos poderes do *Reichsrat*, nota-se que ele acaba sendo excluído do jogo político federal, pois o *el Gobierno del Reich sólo responde ante*

---

[273] Cf. ROVIRA, *Federalismo*..., p. 16.
[274] Cf. Ibid., p. 16-17.
[275] Cf. Ibid., p. 17.
[276] Cf. Ibid., p. 17.

el Reichstag.[277] O bicameralismo do II Reich é mantido pela República de Weimar, mas invertendo os pratos da balança em favor do *Reichstag*.[278]

Perde o *Reichsrat* (como decorrência lógica da exclusão do jogo político federal) o poder de disposição sobre a Constituição Federal. Que no entendimento de Rovira flexibilizava e muito o pacto federativo alemão, pois se atualiza constantemente sem a participação direta dos *Länder* nesse processo. O procedimento de revisão constitucional opera, portanto, nestes termos: nega a possibilidade de intervenção dos *Länder*, que possuem apenas um direito de veto suspensivo, podendo ser submetido o projeto de lei a *referendum* ou desde já promulgado se constar com uma maioria de 2/3 no *Reichstag*. Importa ressaltar que o *referendum* coloca a questão da decisão novamente nas mãos de um órgão unitário: o povo federal (artigo 76 WV).[279]

Cabe mencionar ainda que os *Länder* não possuem a garantia de seus direitos, uma vez que os direitos do *Reichsrat* podem ser modificados sem o seu consentimento. Não há garantia na Constituição (WV) nem sobre a sua existência individual ou mesmo no atinente a sua integridade territorial, possibilitando a reorganização territorial pelo já descrito processo de revisão constitucional (artigo 18 WV), que suprime a participação *Reichsrat*.[280]

O processo de centralização descrito é ratificado pelos poderes atribuídos ao Presidente Federal. Podemos dizer que ele era para a República de Weimar aquilo que o Kaiser era para o II Reich: *primus inter pares*. A legitimação democrática do Presidente Federal deu-se diretamente pelo povo (artigo 41 da WV).[281] Além disso, possuía o Presidente Federal o poder de exceção, podendo utilizar o aparato militar alemão em situações excepcionais, o qual não foi poupado, tendo em vista a agitada vida política de Weimar. Podia, assim, obrigar os *Länder* ao cumprimento de seus deveres constitucionais, bem como recorrer às forçar armadas para porem fim aos conflitos federais. Todos estes instrumentos conferem ao Presidente Federal uma sólida posição de preeminência no sistema institucional, superior ao Parlamento e aos próprios *Lander*.[282]

A inversão dos termos não é feita somente nos poderes competências, mas também na execução das tarefas. No sistema do II Reich, os con-

---

[277] Cf. ROVIRA, *Federalismo...*, p. 17.
[278] Cf. Ibid., p. 17.
[279] Cf. Ibid., p. 18.
[280] Cf. Ibid., p. 18.
[281] Cf. Ibid., p. 18.
[282] Cf. Ibid., p. 18-19.

flitos federais eram resolvidos, via negociação, dentro do órgão federal de representação do *Länder*. Já no sistema vigente da Constituição de Weimar (juntamente ao sistema de judicialização dos conflitos) os conflitos são resolvidos pela natureza unitária do sistema, que no presente caso foi entregue ao "*Kaiser*" do princípio democrático: o Presidente Federal.[283]

A ampliação do poder central ocorrida na República de Weimar fortaleceu as instituições alemãs, bem como ampliou as competências *legislativas* e *executivas* do Reich. O Reich recebe poderes legislativos fundamentais que lhe permitem uma direção unitária do Estado, especialmente em questões de política econômica e social, acrescendo-se a tais poderes a ingerência em questões que estavam tradicionalmente entregues à responsabilidade dos *Länder* (matérias de polícia e proteção à ordem pública, função pública, educação e questões religiosas),[284] mesmo que tal ingerência não possua caráter exclusivo. Ampliaram-se, ainda, as competências administrativas do *Reich*, crescendo consequentemente a administração federal, restringindo-se o princípio pelo qual a legislação federal deveria ser executada ordinariamente pela administração dos *Lander*.[285]

No âmbito do processo de centralização, destacamos a matéria financeira, pois as tendências centralistas existentes na república de Weimar e a necessidade de reconstrução econômico-financeira da Alemanha após a grande guerra conduziram a novas relações financeiras, reforçando a centralização e a unificação dos caminhos já traçados nos tempos do II *Reich*. A federação gozava de competência legislativa geral na regulação dos ingressos financeiros, ao passo que o novo sistema adotado pela República de Weimar repartia os ingressos obtidos entre as instancias territoriais (*Reich*, *Länder* e Administrações Locais), fixando uma quota de participação sobre as fontes de maior volume arrecadado. Apesar do compartilhamento dos recursos financeiros restavam ingressos próprios e exclusivos (mesmo que de pouca significação) a cada instância de poder. O sistema de distribuição dos recursos financeiros adotado neste período passaria, posteriormente, à República de Bonn.[286]

A República de Weimar tentou articular, tanto quanto o Império alemão de 1871, a ordem jurídica da Federação com a ordem jurídica dos Länder. Estes campos justapostos e subordinados delimitaram um cenário político-jurídico de formação e consolidação do federalismo alemão.[287] O cenário de federalismo até aqui construído entraria em ruína a partir

---

[283] Cf. ROVIRA, *Federalismo*...,p. 18-19.

[284] Cf. Ibid., p. 19.

[285] Cf. Ibid., p. 20.

[286] Cf. Ibid., p. 20-21.

[287] STERN, *Derecho*..., p. 117.

de 1933 com a ascensão do nacional-socialismo ao poder, sobretudo com a implantação das chamadas leis de unificação (*Gleichschaltungsgesetze*) de 31.3.1933 e 7.4.1933 que praticamente suprimiram a estrutura federal, pois os parlamentos e os governos dos *Länder* não mais podiam ter uma política própria, pelo processo de unificação então engendrado. O império (*Reich*) e os Estados (*Länder*) formavam um corpo único.[288] A unidade da política era assegurada pelos Administradores do *Reich* (*Reichsstatthalter*) órgão este que pertencia ao Reich, não aos *Lander*.[289]

Continuava a centralização pela assim chamada "Lei da Nova Constituição Alemã" (*Neuafbaugesetz*), de 30.1.1934 que suprimia dos Parlamentos dos *Länder* o direito de autonomia, passados, com a "reforma constitucional" às mãos do Reich. Consequência direta desse novo processo organizacional do Estado Alemão foi a perda dos *Länder* da qualidade de Estados-Membros, gozando somente o Reich de uma reconhecida estabilidade (*Staatlichkeit*).[290] Chegou-se a dizer que *La estructura federal **milenaria** del Império fue allanada*.[291] O Estado Federal alemão durante a dominação operada pelo nacional-socialismo converteu-se em Estado **Unitário**.[292]

A centralização almejada pelos nacionais-socialistas não alcançou patamares mais elevados justamente por que a Alemanha nunca foi um país tradicionalmente centralista. O próprio regime nazista encontrou resistências em uma sociedade que se pode dizer nascida na federação. A Alemanha, federalista em suas origens, não conseguia sequer centralizar a polícia, ou mesmo a educação, o que obstruiu, de fato, o processo de centralização intentado pelo regime nazista.[293] Ellwein afirma com razão que a centralização almejada necessitava, realmente, *mais do que apenas doze anos*.[294]

Assim, o federalismo alemão melhor se molda ao modelo socionatural Althusiano de federalismo. As experiências associativas organizativas praticadas durante o longo período do Sacro Império Romano-Germânico demonstram este ideal de federalismo. Como visto, o Império Alemão passou por um lento e constante processo de aglutinação das mais de

---

[288] STERN, *Derecho*..., p. 117-118.

[289] Ibid., p. 118.

[290] DUQUE, Marcelo Schenk. O Federalismo Alemão e a Reforma de 2006. In: SOUZA JUNIOR, Cezar Saldanha; ÁVILA, Marta (Coord.) *Direito do Estado:* estudos sobre federalismo. Porto Alegre: Dora Luzzatto, 2007, p. 81.

[291] STERN, op. cit., p. 118.

[292] A referência "Estado Unitário alemão" para o sistema de organização territorial existente no período de domínio do nacional-socialismo nos vem de Ibid., p. 118.

[293] ELLWEIN, Federalismo..., p. 44.

[294] Ibid., p. 44.

duas mil unidades políticas. Em 1814, chegou a marca de 39 estados, formando a liga alemã. Sua evolução chegou aos 16 *Länder* hoje existentes. Toda esta estrutura federativa, com acertos e desacertos, avanços e retrocessos, demonstrou um federalismo de base associativa.

23. O Federalismo da República de Bonn: a ordem federal nas bases do princípio social

A República de Bonn nasceu com a elaboração da Lei Fundamental de 23 de maio de 1949. Assentou-se já na sua origem sob o princípio democrático, social, federal (artigo 20 GG) e de Estado de Direito (artigo 28, 1).[295] Dentre estes princípios, cabe destacar o aspecto social como ponto de apoio de todo o federalismo vigente na Lei Fundamental. Suas raízes, entretanto, remontam ao período da Constituição de Weimar de 1919, que desenvolveu tal princípio de forma parcimoniosa. Podemos dizer, então, que o princípio social do federalismo alemão não é originalidade da atual Constituição, mas de outro lado não podemos negar que o aspecto econômico e social nunca foi tão veemente defendido e incentivado. A ação do Estado dentro do federalismo de 1949 gira em torno da maximização do desenvolvimento social.[296]

O princípio social desenvolvido no regime de 1949 buscava não somente uma *igualdade* formal, como ainda uma igualdade em termos *materiais*. Dar os meios, as condições não é o campo restrito desse federalismo, mas sim agir ativamente na redução dos obstáculos que inviabilizem o desenvolvimento social. Juntamente com a igualdade, temos o princípio da *solidariedade* que busca uma fidelidade federal, impondo obrigações aos *Länder* e ao *Bund*, na execução e promoção do bem social e do bem econômico do país. Ademais, é previsto em texto constitucional uma cláusula de *igualdade das condições sociais e de vida* a serem seguidas pelos Estados.[297]

O federalismo social em principiologia precisava encontrar na República de Bonn uma interpretação consistente com texto da Lei Fundamental. Deste modo, existe uma teia complexa de relações cooperativas e necessárias que podemos dizer que parte do princípio federativo, passa

---

[295] Art. 20 (I) refere: "A República Federal da Alemanha é um Estado federal democrático e social". (*Die Bundesrepublik Deutschland ist ein demokratischer und sozialer Bundesstaat*).

[296] ROVIRA, *Federalismo...*, p. 21.

[297] Ibid., p. 21.

pelo catálogo dos direitos fundamentais, vinculados com o princípio democrático e com o princípio do Estado social, para conformar-se com a proteção da dignidade da pessoa humana.[298] Todos estes princípios conjugados (com maior relevância o do Estado Social) foram importantes na construção do Estado Constitucional (*Verfassungstaat*).[299]

Dentre os princípios supracitados, ressalta-se o princípio federativo, pois desempenhou importante papel na construção de um Estado Constitucional. O federalismo primou pela descentralização política, fortaleceu a democracia, o pluralismo político e social. Estabeleceu um campo de relações mais amplo, respeitando a variedade regional e reforçando a política das minorias e das comunidades menores no exercício do poder, sentimento verdadeiro e natural do princípio da subsidiariedade.[300]

O Estado Social de Bonn, baseado no federalismo descentralizado, revela-se em um método organizativo adequado para melhorar o desempenho das funções e tarefas sociais. Permite a busca de soluções orientadas pelo princípio da subsidiariedade, bem como reforça o debate dos problemas no nível local do convívio humano, proporcionando maior flexibilidade e maleabilidade ao poder estatal para assimilar e integrar os naturais conflitos que se produzem no seio da sociedade.[301] O federalismo da Lei Fundamental de Bonn oscilava da ação unitária e harmônica de todos os poderes políticos ao valor de pluralismo da organização federal do Estado. Tais oscilações encontram solução atualmente na adoção de fórmulas de colaboração e coordenação das instâncias de poder.[302]

O federalismo deixou de ser mera separação ou justaposição de esferas de governo, passando a ser concebido em grande medida como um mecanismo de governo em que as partes antes independentes trabalham agora articuladas e coordenadas, buscando um ideal de complementaridade. Como já afirmamos a máxima de Wheare deve ser aqui relembrada: "By the federal principle I mean the method of dividing powers so that the general and regional governments are each, within a sphere, co-or-

---

[298] GRIMM, Dieter. *Verfassungsrechtliche Anmerkungen zum Thema Prävention*. In: DIE ZUKUNFT der Verfassung. Frankfurt am Main: Suhrkamp, 1991, p. 210-211, afirmando, com isso, que não apenas o catálogo de direitos fundamentais, mas igualmente a parte organizacional da Lei Fundamental alemã devem ser lidos na forma do seu art. 1 (1), pois refere: "a dignidade da pessoa humana é inviolável. Toda autoridade pública terá o dever de respeita-la e protege-la". (DUQUE, Marcelo Schenk. O Federalismo Alemão e a Reforma de 2006. In: SOUZA JUNIOR, Cezar Saldanha; ÁVILA, Marta (Coord.) *Direito do Estado*: estudos sobre federalismo. Porto Alegre: Dora Luzzatto, 2007, p. 85).

[299] Sobre a institucionalização do Verfassungstaat, ver SOUZA JUNIOR, *A Supremacia...*, p. 164 et seq.

[300] Ver ROVIRA, op. cit., p. 23.

[301] Cf. Ibid., p. 23.

[302] Cf. Ibid., p. 24.

dinate and independent".[303] E é sobre este novo nível de competências e interações que o federalismo alemão trabalha, exercendo, no fundo, um papel de equilíbrio, que em constante reformulação, completa o ideal de Estado social de Direito desejado.[304]

Assim, a forma federativa de Estado passou a constituir-se em um valor essencial do sistema político, vedando a Lei Fundamental, através de uma cláusula de inabolibilidade, toda e qualquer modificação do texto constitucional que tenha por objetivo a supressão dos *Länder*, ou ainda que vede a possibilidade de participação dos *Länder* no processo legislativo, mantendo esta matéria como cláusula pétria.[305] Dita inabolibilidade não significa que a estrutura federal vigente não possa ser mexida ou tocada. A Lei Fundamental, ao contrário, dever ser modificada e aprimorada, o que se veda, em verdade, é a abolição, ou a própria supressão da forma federativa do Estado alemão.[306]

Ressaltamos haver, ao menos nas últimas décadas, uma tendência ao enfraquecimento do poder político dos *Länder* frente ao governo central. A coordenação das tarefas políticas entre o *Bund* e os *Länder* acaba por enfraquecer a atuação dos próprios *Lander*.[307] A "nacionalização" da vida política ajuda nesse processo de enfraquecimento do poder político dos Estados.[308]

De outro lado, mecanismos e alterações federativas foram intentados para não eliminar a competência e a autonomia dos *Länder*. A Lei Fundamental, assim, foi emendada, mas sempre tendo presente a necessidade de participação dos Estados Federados no âmbito de atuação do *Bund*. O resultado não é a eliminação dos *Lander*, ou a supervalorização do *Bund*, mas sim, meios de coordenação e cooperação entre os entes federados. Como exemplo, mencionamos que praticamente dois terços das leis promulgadas pelo parlamento federal necessitavam da aprovação do Conselho Federal.[309]

Diante desta nova realidade, nasceu na Alemanha um movimento no sentido de reaproximar o federalismo de sua concepção original. Nes-

---

[303] WHEARE, *Federal...*, p. 10.

[304] Cf. ROVIRA, *Federalismo...*, p. 24-25.

[305] DUQUE, Marcelo Schenk. O Federalismo Alemão e a Reforma de 2006. In: SOUZA JUNIOR, Cezar Saldanha; ÁVILA, Marta (Coord.) *Direito do Estado:* estudos sobre federalismo. Porto Alegre: Dora Luzzatto, 2007, p. 86.

[306] Ibid., p. 86-87.

[307] BARACHO, *Teoria... Federalismo*, p. 168.

[308] Ibid., p. 168.

[309] GRIMM, Dieter. *Die Verfassung und die Politik: Einsprüche in Störfällen*. München: C. H. Beck, 2001, p. 142. apud. DUQUE, op. cit., p. 92.

ta linha, visava-se a delimitar mais claramente as esferas de atuação e de influência do *Bund* e dos *Länder*, ao mesmo tempo em que se sustentou que a influência do Conselho Federal, exercida pelos *Länder*, seria restrita somente aos casos em que as leis federais tocassem, verdadeiramente, nos interesses dos *Lander*.[310] Desta forma, o conflito entre a aprovação do Conselho Federal e as leis federais de competência do *Bund* foi, na medida do possível, remediado.

Entretanto, tal redução de ingerência do Conselho Federal nas leis federais culminou com a aprovação, em 2006, de uma emenda constitucional que modificou nada menos que 25 artigos da Lei Fundamental (22, 23, 33, 52, 72, 73, 74, 74a, 75, 84, 85, 87c, 91a, 91b, 93, 98, 104a, 104b, 105, 107, 109, 125a, 125b, 125c, 143c),[311] todos relativos à estrutura federal. As mudanças tocaram tanto na matéria da federação que foi necessário a aprovação de uma lei de *"acompanhamento da reforma do federalismo"*,[312] prevendo, em minúcias, o início de sua vigência.[313]

As principais reformas no federalismo alemão que foram incumbidas à comissão nomeada em 2003 pelo *Bundestag* e pelo *Bundesrat*, para modernizar o sistema federativo, podem ser resumidas nos seguintes pontos: (a) distribuição de competências legislativas entre o *Bund* e os *Länder*; (b) participação dos Lander na legislação federal; (c) relações financeiras entre o Bund e os Lander, mormente no que diga respeito às tarefas comuns e às fórmulas de financiamento misto. A reforma federativa engendrada visava a melhorar a capacidade de decisão e de atuação do *Bund* e dos *Länder*, delimitando mais claramente o campo de competência de cada parte, aumentando, assim, a capacidade destas para realizarem, com eficiência, suas competências.[314]

Toda a estrutura federativa construída na Alemanha bem representa o federalismo socionatural que estamos sustentando. Basta ver que diferentemente do federalismo norte-americano, ou mesmo diante do federalismo suíço, a Alemanha apostou mais fortemente que outros países,

---

[310] GRIMM, Dieter. *Die Verfassung und die Politik: Einsprüche in Störfällen*. München: C. H. Beck, 2001, p. 149. Apud DUQUE, Marcelo Schenk. O Federalismo Alemão e a Reforma de 2006. In: SOUZA JUNIOR, Cezar Saldanha; ÁVILA, Marta (Coord.) *Direito do Estado:* estudos sobre federalismo. Porto Alegre: Dora Luzzatto, 2007, p. 93.

[311] *Gesetz zur Änderung des Grundgesetzes,* publicada no *Bundesgesetzblatt Jahrgang* 2006, *Teil I, Nr. 41,* de 31 de agosto de 2006, em vigor a partir de 1º de setembro de 2006.

[312] *Föderalismus-Begleitsgesetz,* publicada no *Bundesgesetzblatt Jahrgang* 2006, *Teil I, Nr. 42,* de 11 de setembro de 2006.

[313] Cf. DUQUE, op. cit., p. 93.

[314] Cf. Ibid., p. 94.

na cooperação, do que na separação,[315] ou competição entre os níveis de poderes políticos. Podemos dizer que o centro de gravidade passou da separação ou da competição à coordenação ou colaboração entre os entes federados,[316] sentimento primeiro de qualquer associação que busque uma forma de proteção e de ajuda recíproca na execução das tarefas.[317]

A originalidade do federalismo alemão é sentida no semantema que designa o *federalismo* neste idioma. A origem latina deste termo vem de *foedus, foederis*,[318] que significa junção, união, pacto, aliança, liga, paz, ajuste. Os países de língua latina e o próprio inglês extraem seu conceito de federação, deste semantema. De outro lado, a República Federal da Alemanha busca o seu sentido federativo no semantema *Bund*. O radical latino é deixado de lado, utilizando-se o radical teutônico *bund*, sugerindo *o caráter nativo, próprio, profundo, imanente à alma, à tradição e à história dos povos germânicos*.[319]

24. O federalismo de níveis cooperativos

A expressão *federalismo cooperativo* foi utilizada originalmente pelos Estados Unidos da América, para qualificar o modelo de federalismo contraposto ao existente na ordem federal daquele país (*dual federalism*).[320] Tradicionalmente o modelo norte-americano colocava a sustentação do federalismo na autonomia, na independência e na igualdade dos Estados. A partir da década de trinta, a política do *New Deal* forçou o desenvolvimento de mecanismos cooperativos, mormente no período presidencial de Franklin Roosevelt, onde se vê claramente a penetração do governo federal no domínio da saúde, socorro e bem-estar.[321]

---

[315] GRIMM, Dieter. *Die Verfassung und die Politik: Einsprüche in Störfällen*. München: C. H. Beck, 2001, p. 140. DUQUE, Marcelo Schenk. O Federalismo Alemão e a Reforma de 2006. In: SOUZA JUNIOR, Cezar Saldanha; ÁVILA, Marta (Coord.) *Direito do Estado:* estudos sobre federalismo. Porto Alegre: Dora Luzzatto, 2007, p. 91).

[316] ROVIRA, *Federalismo...*, p. 25.

[317] Cf. DUQUE, op. cit., p. 94.

[318] A origem latina do termo aparece em praticamente todos os livros que tratam do federalismo, por todos ver: MACHADO HORTA, Raul. *A Autonomia do Estado-Membro no Direito Constitucional Brasileiro*. Belo Horizonte: [s.n.], 1964, p. 267.

[319] SOUZA JUNIOR, Cezar Saldanha. Estudo Introdutório: Em Torno do Sentido do Federalimo. In: SOUZA JUNIOR, Cezar Saldanha; ÁVILA, Marta (Coord.) *Direito do Estado:* estudos sobre federalismo. Porto Alegre: Dora Luzzatto, 2007, p. 22.

[320] Neste sentido foi a decisão da Suprema Corte, em 1937: Carmichael v. Southern Coal & Coke Co., 301 US. (Cf. ROVIRA, op. cit., p. 25).

[321] MACHADO HORTA, op. cit., p. 270.

Em que pese os Estados Unidos contarem com a originalidade do termo utilizado *cooperative federalism*, tal nomenclatura não integra corriqueiramente o rol das decisões norte-americanas, que desde o simpósio celebrado em Iowa,[322] em 1937, passaram a denominar "o novo federalismo" de *'intergovernmental relations'*, termo que passa a ser utilizado pela imensa maioria dos autores norte-americanos, e não somente por eles, mas pelos demais países que foram formados na raiz anglo-saxônica: Canadá,[323] Austrália e Índia.[324]

Na Alemanha o expressão *federalismo cooperativo* (*Kooperativer Föderalismus*) foi utilizado de maneira oficial, pela primeira vez, no informe *Troeger*, de 1966. A partir desta data, foi geral a utilização do termo pelos germânicos. Este encontrou reconhecimento, igualmente, na Suíça.[325] *Der kooperativer Foderalismus in der Schweiz*, como também na Áustria *'Österreich als kooperativer Bundesstaat*.[326]

Mas a estreita relação existente entre federalismo e cooperação aparece já na etimologia da palavra *federal*, que deriva do latim *foedus*, que significa pacto, acordo, união, ajuste, tratado, paz, estando na base associativa do humano, reforçando os laços de amizade (*foedus amicitae*), ou mesmo da união matrimonial (*foedus thálami*).[327] O federalismo socionatural parte dessa natural sociabilidade do humano, que pela cooperação das partes independentes chega à complementação das partes insuficientes. É, portanto, da associação das partes independentes que nasce o Estado Federal, dando a ideia de União e de associação.

O próprio Friedrich considera a solidariedade como elemento componente do federalismo. O relacionamento da *'comunidade total'* e das *'comunidades que a compõem'* sendo esta interrelação, esta cooperação, este intercâmbio orgânico, um princípio universal do processo de federalização da comunidade política.[328] O federalismo constitui-se, portanto, em uma forma de organização política adequada às comunidades, conjugando objetivos, interesses, necessidades e tradições, todos os elementos de um mesmo sentimento de esforço conjunto da comunidade. Assim, con-

---

[322] *Iowa Law Review*, 13, 1937-38. ROVIRA, *Federalismo...*, p. 25.

[323] Ver, por exemplo, LASKÍN, Bora. *Canadian Constitutional Law*. Toronto: Carswell, 1960, p. 1-30.

[324] ROVIRA, op. cit., p. 25.

[325] Ver, GARCIA, Alberto Barena. *El Federalismo en Suiza*. Madrid: Coleccion Instituciones Politicas, 1970, Primera Parte, Capítulo III.

[326] ROVIRA refere estas obras sobre o federalismo cooperativo na Suíça, e na Áustria. Ver referências (ROVIRA, op. cit., p. 2).

[327] MACHADO HORTA, *A Autonomia...*, p. 267.

[328] FRIEDRICH, Carl J. *Teoria Constitucional federal y propuestas emergentes*. In: PRACTICA del Federalismo. Buenos Aires: Editorial Bibliográfica Argentina, 1959, p. 546-547.

forme o arranjo idealizado, teremos um federalismo de maior unidade, ou de maior diversidade.[329]

A cooperação é um mecanismo existente no Estado Federal que favorece o desenvolvimento das relações intergovernamentais, abrangendo as formas e os meios de aproximação dos governos (central e locais).[330] Como já mencionado, o próprio conceito de federalismo reclama um mínimo de colaboração. Em qualquer Estado organizado como federação existem, em maior ou menor grau, instâncias de poder que trabalham juntas.[331]

Na Alemanha, o federalismo desde suas origens foi marcado pela inter-relação e pela colaboração das instâncias do *Bund* e dos *Länder*. Tal coordenação das relações das esferas de poder funcionava através de formas de concorrência legislativa, da execução das leis federais pelos *Länder* através de técnicas de intervenção recíproca entre as esferas administrativas. Este sistema de inter-relação existente na Alemanha não pode, entretanto, fazer perder de vista que a ordem federal está marcada pela coexistência de dois centros de poder, independentes, autônomos e livres para desenvolverem suas instâncias de poder. Mas, apesar da independência e da autonomia das esferas de poder elas estão vinculadas em virtude do princípio da unidade do Estado, evitando-se, assim, a natural desagregação iniciada pelas forças centrífugas existentes em qualquer Estado.[332]

Com o passar dos tempos, surgiram novas técnicas de desenvolvimento das relações entre o *Bund* e os *Länder*. Neste sentido, há duas modalidades de cooperação: uma *obrigatória* (exigência da Lei Fundamental) pela qual determinada competência deve ser exercida de forma conjunta; outra *voluntária* (exercida pelo acordo das partes), subdividindo-se em *facultativa*, quando permitida explicitamente pela Lei Fundamental; ou *livre*, quando não há previsão em dispositivo constitucional.[333]

Em que pese haja a institucionalização de certos processos cooperativos instituídos na Lei Fundamental, na Alemanha verifica-se a cooperação livre (também chamada espontânea e clandestina) desde o momento da promulgação da Lei Fundamental, pois a insatisfação da distribuição dos ingressos públicos entre as diversas instâncias federais levou a criação de fundos financeiros irregulares, a serem administrados pelo *Bund*.

---

[329] FRIEDRICH, op. cit., p. 552.

[330] MACHADO HORTA, *A Autonomia...*, p. 268.

[331] ROVIRA, *Federalismo...*, p. 345.

[332] Ibid., p. 352-353.

[333] Ibid., p. 487.

Esta iniciativa deu início a numerosas relações cooperativas, pelas quais a federação participava amplamente no âmbito competencial dos *Lander*.[334]

Há que se considerar, porém, que toda relação cooperativa supõe uma vinculação recíproca entre os poderes que autonomamente dispõem as partes. Assim, o estabelecimento de um regime de competências baseado na interdependência só é possível quando a Constituição delimita, ou reconhece um campo de independência. Assim, a cooperação voluntária não institucionalizada (cooperação livre) pode versar apenas sobre o modo de exercício dos respectivos poderes e competências das partes, não podendo, portanto, dispor sobre a titularidade das mesmas. Este é o limite imposto à cooperação livre, qual seja, ficar restrito a manter integrado os poderes e as competências conferidos pela Constituição.[335]

A cooperação estende-se aos Municípios, que se unem para a execução de tarefas comuns que satisfaçam seus próprios interesses. O poder administrativo executa estas tarefas atendendo aos objetivos e aos anseios dos Municípios e dos Estados interessados na realização delas. Tal mecanismo é utilizado para a construção de estradas e para a abertura de universidades, por exemplo.[336] Estes mecanismos foram necessários para facilitar as relações sociais existentes em um território densamente povoado, levando a uma distribuição das tarefas, bem como a distribuição da renda.[337]

A adoção de técnicas cooperativas coloca em prática a teoria do federalismo socionatural que esboçamos no capítulo primeiro. Todas as técnicas associativas e aglutinadoras que foram desenvolvidas desde o Sacro Império Romano-Germânico expressaram um ideal natural de associação. O Império alemão do II Reich iniciou um processo de racionalização e constitucionalização deste modelo. Estas técnicas foram aprimoradas na Constituição de Weimar, de 1919, e refinadas na Lei Fundamental de Bonn, de 1949. Podemos dizer que o ápice dos mecanismos cooperativo-associativos aparece na emenda constitucional aprovada em 2006, que modificou nada menos que 25 artigos da Lei Fundamental.

---

[334] Cf. ROVIRA, *Federalismo...*p. 488.
[335] Ibid., p. 490.
[336] ELLWEIN, *Federalismo...*, p. 48.
[337] Ibid., p. 48.

Conclusão

25. O federalismo na projeção fática: a natural sociabilidade do humano

O federalismo, pela perspectiva fática, não pode desconsiderar a realidade associativa humana. Antes de ser um acordo institucional, foi uma necessidade natural que levou as pessoas a se associarem, tendo em vista objetivos e desejos comuns. As pessoas nascem na associação, e a vida simbiótica foi o pressuposto associativo primeiro da comunidade na busca de um ideal de bem comum.

O ser humano é um ser social. É uma substância individual de natureza racional. Desde o nascimento, é enfeixado por um complexo sistema associativo que o circunda e o envolve, direcionando-o a fins e a valores. Da complexidade da vida associativa humana brotam dimensões que tentam abranger todos os espectros de sua existência: dimensão religiosa, dimensão artística, dimensão econômica, dimensão científica, dimensão ética e dimensão política.

Assim, o federalismo deriva de um ajustamento dessas dimensões, da própria natureza humana, da natural sociabilidade, da interação, da cooperação. Nasce com a pessoa, passa pela *família* e pelo *collegium* (associação civil), formando *cidades*, estas *províncias*, que conveniadas resultam em *comunidades*. Esta nomenclatura foi utilizada por Althusius, mas o ideal associativo desenvolvido por ele expressa verdadeiramente o processo de articulação das pessoas, que evoluíram lentamente em círculos de interação e associação, partindo da pessoa, chegando à instituição. O Estado como modernamente conhecemos foi se apropriando desse sentimento associativo primeiro, colocando apenas valores corretivos aos fatos naturais, na base de instituições concretas.

26. O papel da política no processo de articulação do bem comum na realidade fática do federalismo

Se a política e a ética desempenham um papel nodal no ajustamento das demais dimensões humanas, o bem comum funciona como que um centro gravitacional aos valores fundamentais: da justiça, da ética, da política, do amor, da amizade, da concórdia, da união... O Estado parte do ajustamento político como meio, mas tendo como finalidade o bem comum.

O ser humano procura articular, ou mesmo catalogar, as percepções do bem comum. Cada sociedade encontra-se diante dessa perplexidade: como dar efetividade prática a conceitos valorativos diferentes, ou divergentes? Tal *desideratum* é função do político e da política, pois cabe a ele (a) harmonizar **horizontalmente** as aspirações divergentes, respeitando as demais dimensões do existir humano, e ao mesmo tempo criando o ambiente vivo para o desenvolvimento de um *modus vivendi* pacífico.

O papel da política está em criar as condições, os meios necessários à realização concreta do bem comum. Não cabe a política suplantar, eliminar as demais dimensões, mas harmonizá-las, conciliá-las, integrá-las. A função da política antes de ser justa é a de ajustar; antes de ser ética é de criar um ambiente que evite a corrupção; antes de ser artística é de propiciar a arte; antes de ser científica é de incentivar a ciência; antes de ser econômica é de criar o ambiente salutar da concorrência; antes de ser religiosa ou areligiosa é reconhecer a pluralidade de religiões, em síntese, é meio, não fim.

O bem comum é o resultado direto deste acordo mínimo acerca dos fins sociais. Parte da natural sociabilidade humana, da articulação das dimensões do existir humano, pelo ajustamento horizontal da política para encontrar o primeiro e natural sentido do federalismo: socionatural. O federalismo é um meio institucionalizado de eliminar as adversidades naturais do convívio humano, da história dos povos, buscando um ideal comum, um objetivo comum, um desejo de segurança, é a própria instrumentalização do bem comum.

27. O federalismo na projeção valorativa: o processo racional dos governos federativos

O federalismo de base associativa, pautado na natural sociabilidade do humano, passou por um processo artificial de racionalização. O curso natural de ajustamento político das dimensões do humano em um ideal de bem comum precisava de pressupostos institucionais conformadores, ou mesmo corretores dos fatos sociais.

A sociedade evoluía em direção a duas forças aparentemente contraditórias: Grandes Monarquias ou pequenas Repúblicas. Cada uma delas contava com vantagens e desvantagens. A Monarquia, de tamanhos continentais, tornava-se algo de difícil administração, podendo facilmente cair no despotismo. A República, por sua vez, de reduzida extensão territorial era facilmente administrável. A Monarquia temida por sua dimensão continental dificilmente seria invadida por uma força externa, ao passo que a República poderia ser invadida facilmente.

A solução racional de conservação da extensão territorial e da facilidade de governos operosos veio da genialidade de Montesquieu: federar as repúblicas. Esta forma de governo é uma convenção pela qual vários corpos políticos consentem em se tornar cidadãos de um Estado maior que pretendem formar. É uma sociedade de sociedades, a associação para a proteção. Este tipo de grande república é capaz de resistir aos ataques externos, mantendo o governo efetivo interno.

A interferência racional de Estruturação dos Estados iniciada com Montesquieu foi um sentimento político-jurídico de toda uma época. Doutrinadores outros também se preocuparam com a intervenção de um processo racional da organização dos Estados. Rousseau, por exemplo, imaginava como solução ao governo da Polônia o governo federativo, o único capaz de reunir as vantagens dos grandes e dos pequenos Estados. Este processo valorativo (dos fatores reais associativos humanos) demonstrou um sentimento de uma geração de pensadores. Cada um a sua maneira expressou um sentimento de conformação ou correção da natural sociabilidade humana no plano institucional de relação entre os Estados. Assim salientamos não somente Montesquieu, o primeiro a cunhar o termo *'república federativa'*, mas também Rousseau, D'Argenson, Duque de Sully, William Penn, Abade de Saint-Pierre, Mably.

28. O federalismo na projeção normativa: a execução dos clássicos modelos do federalismo

Se o federalismo na projeção fática foi conformado a um federalismo de projeção valorativa, o terceiro aspecto do federalismo vem a ser o normativo. As instituições conformadoras do federalismo se expressaram em dois grandes modelos: um mais competitivo, outro mais cooperativo.

O primeiro desenvolvido a partir do ideal de liberalismo norte-americano; o segundo desenvolvido a partir do ideal igualitário da Alemanha.

Os norte-americanos imbuídos do ideal de liberalismo desenvolveram na prática (Hamilton, Madison e Jay), o modelo de república federativa desenvolvida em teoria (Montesquieu). A clássica teoria da tripartição dos poderes não foi a maior contribuição deste francês aos Estados Unidos da América, mas sim a teoria da forma de organização territorial: república federativa.

O desenvolvimento do federalismo de Monstesquieu pelos norte-americanos ganhou contornos diferentes ao longo da história dos Estados Unidos da América. Formou-se lá uma dualidade de competências entre o governo central e o governo local, um verdadeiro mecanismo de limitação do poder central em prol do poder local. A emenda X à Constituição dos Estados Unidos da América reforça este sentimento *reciprocamente limitativo* e *mutuamente exclusivo*, pois entrega ao poder central poderes expressos ou enumerados, *limitando*, portanto, a extensão do poder central ao expressamente concedido e, *liberando* o poder local para exercer competência plena, ressalvadas apenas as hipóteses de vedação expressa. Tal estrutura competitiva dual serviu de modelo a diversos países da Ibero-América.

Os Alemães representam o segundo grande modelo de federalismo do Ocidente: o chamado federalismo cooperativo. Se Montesquieu foi o norte de orientação da bússola dos países de república federativa, Althusius veio a ser o grande autor representante dos países que optaram pelo modelo cooperativo. O federalismo cooperativo segue uma linha natural de evolução cooperativa das instâncias de poder, ao passo que o modelo norte-americano foi baseado em um modelo artificial de correção dos Estados aglutinados para formar, ou mesmo reforçar o sentimento originário de liberdade.

Interessante observar que o próprio Jellinek deixa transparecer, nas entrelinhas de sua obra, a existência de um federalismo mais artificial, racional e um federalismo mais natural, associativo. Um federalismo mais físico outro mais jurídico. Mas leiamos o trecho extraído do capítulo vinte, intitulado as formas do Estado:

> [...] Il problema circa le forme di Stato si identifica con quello circa le differenze giuridiche delle costituzioni.
>
> [...] Or, due possibilità giuridiche qui si presentano. La volontà suprema, quella che pone in moto lo Stato conformemente allá costituzione, si forma o per via puramente psicologica, quindi naturale, o per via **giuridica**, quindi **artificiale**. Nel primo caso, la formazione di volontà si compie interamente nella interiorità di uma persona física, e la volontà dello Stato, cosi formata, appare, quindi, nel medesimo tempo, anche come uma volontà física, individualmente determinata. Nell'altro caso, la volontà statale non si desume che sulla base di

un procedimento giuridico dalle azioni di volontà di una pluralità di persone fisiche; cosicchè essa appare non come volontà di una persona individualmente determinata, visibile e vivente, ma bensì unicamente come volontà di un collegio, che possiede soltanto realtà giuridica. Volontà **física** e volontà **giuridica** risultante dalla volontà física mediante applicazione di principi giuridici in una maniera costituzionalmente prescritta: – sono queste le due uniche possibilità per la suprema classificazione degli Stati.[338] (negritos nossos)

Tal modelo associativo cooperativo evoluiu dentro da história do federalismo alemão. Nasceu com o Sacro Império Romano-Germânico; exerceu papel aglutinador dos Reinos dispersos com a ordem federal de raiz monárquica: o Império Alemão de 1781; reforçou a importância da democracia neste processo com o federalismo da República de Weimar, para propugnar por uma ordem federal que reforçasse o princípio social do Estado de Direito. O cooperativismo das instâncias esteve presente neste processo, criando mecanismos de colaboração e relações intergovernamentais, aproximando os governos locais e central.

29. Convergência dos valores: federalismo competitivo *versus* federalismo cooperativo

O federalismo mostrou dois modelos de formação: cooperativo e competitivo. Tal formação dos modelos dá uma ideia de aparente contrariedade. Um salientando mais o princípio social, o outro mais o princípio liberal. Um favorecendo as relações associativas, de solidariedade e de colaboração; outro reforçando a dualidade de competências, limitando a ingerência da União nas políticas locais.

O modelo de federalismo *natural* associativo crismou-se nas relações sociais primeiras do convívio. Partiu da base à cúpula, respeitando as camadas de interação social, preservando e reforçando os níveis inferiores,

---

[338] [...] A questão da forma de Estado se identifica, pois, com a distinção jurídica das constituições. [...] Duas possibilidades jurídicas se dão aqui: ou a vontade suprema que coloca em movimento o Estado se forma segundo a Constituição, mediante um processo psicológico, isto é, **natural**, ou por um processo jurídico, isto é, **artificial**. No primeiro caso, estamos diante da formação da vontade dentro de uma pessoa física, e a vontade do Estado, assim formada, aparece ao mesmo tempo como vontade física de uma determinada individualidade. No outro caso, a vonta do Estado se forma mediante um procedimento jurídico, com as ações voluntárias de uma pluralidade de pessoas físicas, de modo que nao aparece como a vontade de uma pessoa visível, isto é, de uma determinada individualidade, senão como a vontade de um *collegium*, quer dizer como uma vontade que só tem caráter jurídico. As vontades **físicas** e **jurídicas** nascem da aplicação de princípios de Direito mediante um procedimento constitucional previamente determinado. Estas são as duas únicas possibilidades para uma divisão suprema do Estado. (JELLINEK, *La dottrina...*, p. 212).

sustentando a evolução do federalismo a partir do princípio da subsidiariedade.

O modelo de federalismo *artificial* competitivo acentou-se na percepção liberal, idealizando um modelo *dual* de federalismo. A liberdade, a igualdade, a individualidade e a competitividade como já dissemos preservou a liberdade em âmbito local reforçando competências mutuamente exclusivas, reciprocamente limitativas entre o governo central e o governo local.

Tais modelos aparentemente contraditórios evoluíram no sentido de um reforço não somente da liberdade, como também da sociabilidade. Eles estão caminhando lentamente em direção a uma convergência dos valores que ficaram arraigados na história de cada um desses modelos: liberdade, sociabilidade. A convergência é natural na medida em que busca respeitar a unidade na multiplicidade, idealizando modelos associativos cooperativos de auxílio. Os Estados Unidos da América vêm se abrindo aos mecanismos de cooperação, bem como a Alemanha, não deixando de respeitar a liberdade e individualidade das esferas de competência do âmbito local.

30. Pontos a serem repensados no tratamento futuro do federalismo

30.1. As verdadeiras origens do federalismo

É importante ressaltar que as verdadeiras origens do federalismo transcendem a república federativa imaginada pelos Estados Unidos da América. Na verdade, cabe desmitificar a pretensa *originalidade* dos pais fundadores. Uma leitura atenta às origens do federalismo demonstrará que outros autores já sustentavam a forma federativa de Estado nos mesmos moldes que Hamilton, Jay e Madison. A originalidade dos americanos foi apenas colocar em prática a teoria da república federativa desenvolvida por Montesquieu em teoria.

A origem do federalismo nasce com a própria sociabilidade do humano. A institucionalização deste pelo Estado não passa de uma racionalização de um fenômeno natural. A perspectiva valorativa do federalismo veio conformar uma realidade associativa natural da pessoa através de um processo racional. Esta a verdadeira originalidade de Montesquieu, tendo sido o primeiro a imaginar um mecanismo de adequação de duas realidades aparentemente contraditórias: república e monarquia.

As pequenas repúblicas seriam facilmente invadidas por uma força externa. De outro lado, as monarquias, de tamanhos continentais, eram praticamente insuscetíveis de serem administradas, caindo facilmente no despotismo. A solução seria encontrar o justo meio: federar as repúblicas. Nesta fórmula organizacional dos Estados já estava presente, no seu todo, a teoria moderna do federalismo. Mas não somente Montesquieu asseverou tal mecanismo de federação. O próprio Althusius já se debruçara com originalidade sobre este tema, bem como Rousseau, entre outros.

A tese aqui levantada sobre as verdadeiras origens do federalismo merece meditações futuras, pois não somente estes autores se preocuparam com a proteção e organização territorial dos Estados. Demonstramos, neste trabalho, que a república federativa e a forma de articular os Estados foi objeto do que chamamos *'sentimento de uma época'*, apontando outros importantes autores neste processo.

30.2. As terminologias possíveis às formas de Estado e a importância do princípio da subsidiariedade

A doutrina parece estar perdida num emaranhado classificatório das formas de Estado. Existem terminologias dos mais diversos matizes, e das mais variadas formas: Estado Federal, Estado Autonômico, Estado Regional, Estado Unitário, Estado Confederado, Estados Compostos, sem contar, entretanto, os adjetivos centralizados ou descentralizados. Computam-se, ainda, as tendências agregadoras e desagregadoras, as simetrias e as assimetrias, a competitividade e a cooperação, as tendências centrípetas e as centrífugas.

A terminologia, na maior parte das vezes, parece não corresponder à realidade. Estados Federais em regra devem ser mais descentralizados que Estados Unitários, o que de fato acaba não ocorrendo. Alguns Estados Autonômicos se aproximam mais da forma federativa de Estado; é o caso, por exemplo, da Espanha, onde os autores colocam na ordem do dia tal discussão.[339] Nesta vastidão de conceitos indeterminados os mesmos Estados ditos federais apresentam profundas dessemelhanças; basta

---

[339] Ver, por exemplo JOSÉ SOLAZÁBAL, Juan. *Nación y Constitución:* soberanía y autonomía en la forma política española. Madri: Biblioteca Nueva, 2004, p. 182 *et seq*; GONZALEZ NAVARRO, Francisco. *España, Nacion de Naciones:* el moderno federalismo. Pamplona: Ediciones Universidad de Navarra, 1993, p. 195 *et seq*.

fazer uma comparação entre o federalismo brasileiro, norte-americano, indiano e canadense.

O mesmo se dá entre Estados Unitários tradicionalmente centralizados, tais como França, Reino Unido e Suécia, que apresentam um grau mínimo, intermediário e máximo de descentralização, respectivamente. Tais modelos demonstram, claramente, uma tendência do modo de organização territorial dos Estados contemporâneos: uma crescente e contínua abertura à descentralização.

Tal descentralização dos Estados contemporâneos vem seguindo uma linha de racionalidade que entendemos que deva estar presente em qualquer tipo de forma organizacional de Estado, qual seja, o respeito ao princípio da subsidiariedade, princípio anterior e ulterior ao federalismo, pois está na própria base associativa do humano. Subsidiariedade vem de auxílio, ajuda, socorro, *subsidium*. Partindo da pessoa, passando pela família, pela comunidade, pelo Município, pelo Estado, pela União, pelas organizações internacionais. A ajuda, o auxílio, tomando por base o princípio da subsidiariedade, é de baixo para cima, e não de cima para baixo.

Kelsen encontrou efetividade prática ao problema teórico aqui existente, classificando os Estados contemporâneos pelo grau de descentralização, em faixas que evoluem do grau máximo de centralização ao máximo de descentralização. À teoria desenvolvida por Kelsen acrescentamos apenas que a descentralização deve ser crescente e ordenada pelo princípio da subsidiariedade, assim deve evoluir a teoria da forma de Estado, e é o que na pratica vem ocorrendo.

30.3. O governo municipal e o governo central: os pilares de sustentação das formas de Estado

Toda forma de Estado, ou Sistema Político, organiza-se, ao menos, em dois pilares: um pé de sustentação no *governo central*; outro nos *governos locais*. O primeiro organiza as políticas concernentes ao todo, ao passo que o segundo preocupa-se com as esferas locais, que formam o todo. Os modelos excessivamente centralistas de um lado, e os que praticamente nada centralizam de outro, não podem prosperar pelo simples fato de contrariar a racionalidade prática dos institutos. Tal forma organizacional é contrária à natural sociabilidade e conforma-se mais aos *regimes antidemocráticos* do que aos democráticos.

Cabe mencionar, ainda, que o municipalismo é a *celula mater* de qualquer Sistema Político. Seja um governo mais ou menos centralizado, a vida prática, a democracia, as políticas públicas são aplicadas nos governos locais. É o município que gera renda, circula mercadorias, administra e executa as políticas públicas. A vida existe no Município, nas famílias, nas comunidades locais. Assim, não existe governo central sem governo local, ao passo que todo governo local necessita de um mínimo de governo central.

Os Estados Federais vêm a ser a chave de toda a questão organizacional dos Estados. Ele na verdade é o justo meio, o meio-termo entre o governo central e o governo local. Retira competências de duas forças aparentemente contraditórias, uma que puxa para o centro, outra que puxa à periferia. O federalismo será mais fortemente descentralizado quando tirar competências da União, e mais fortemente centralizado quando tirar competências do Município em uma perspectiva de comparação entre estas duas forças.

O que vai definir um Estado Unitário ou um Estado Federal, em verdade, é a posição que o Estado-Membro, ou a Região vão acabar exercendo dentro do território. No Estado Unitário a Província ou o Estado-Membro, praticamente não existem. Eles não passam de uma ficção, de um corte geográfico, ou mesmo uma denominação cultural. É difícil aceitar, mas Município forte antes de sinalizar um conceito de federação, está sinalizando um Estado Unitário. O federalismo acaba tirando a força do Município, tendo ingerência, regulação, influência sobre ele. Por que não dizer, a federação, de certa forma, anula as competências e os poderes do Município.

Assim, podemos dizer que, quanto mais poder local existir numa forma de Estado qualquer, mais unitária ela será. É a democratização do Estado Unitário pelo poder local. Ao passo que se retirarmos competências, tanto do governo central, quanto do governo local, e alocarmos essas competências na esfera dos Estados, teremos, efetivamente um governo federal. Se, de outro lado, supervalorizarmos tanto o governo local, quanto o governo central, teremos uma anomalia das tipologias de Estado, aproximando-se, dependendo do grau de excesso, dos governos contrários à democracia.

30.4. A realidade sem o nome: o federalismo no império de ontem

Um estudo do federalismo no Brasil deve abandonar o escolho ainda arraigado em nossa cultura do nominalismo. Em realidade, não podemos deixar de reconhecer no Império do Brasil a presença da federação. A realidade sem o nome pode ser verificada, em profundidade, a partir do

Ato Adicional de 1834, momento em que se descentralizou boa parte das competências do Centro, às províncias do Império do Brasil.

Destacam-se, no tratamento desta tese, dois autores, um mais antigo, outra mais moderna: João Camilo de Oliveira Torres[340] e Miriam Dolhnikoff.[341] Interessante relatar que a autora resgata autores clássicos do federalismo sem olhar as obras de João Camilo (mormente A Formação do Federalismo no Brasil), chegando às mesmas conclusões que ele: o reconhecimento da existência de um Estado Federal nas bases da Forma de Governo Monárquica.

Recentemente, por incentivo registre-se, do orientador Souza Junior, o tema foi objeto de trabalho de conclusão de curso, e dissertação de mestrado.[342] Tais trabalhos demonstraram a existência da realidade do federalismo no Império, somente sem o nome. Posteriormente, o tema foi trabalhado pelo próprio Souza Junior, integrando a coleção direito do Estado,[343] confirmando a tese da existência do federalismo a partir do Ato Adicional de 1834. Neste trabalho, sustentou-se a existência do federalismo no Império do Brasil até a edição do Decreto nº 1, de 15 de novembro de 1889, que instaurou, *provisoriamente*,[344] a federação e a república. Mas veremos, rapidamente, os fundamentos do federalismo monárquico no solo brasileiro.

Portugal, comprimido pelo Oceano Atlântico Norte e pela potência espanhola, é lançado pela navegação a expandir seu domínio territorial, econômico, político e religioso. Encontra no Brasil-Português um laço forte que mesmo além-Tejo é tão Portugal, quanto Reino de Algarves. A Coroa portuguesa de um lado, e o Brasil português de outro formavam a um só tempo, um uno e mesmo território político separado apenas por águas.

Passou, porém, o Brasil dentro de seus mais de trezentos anos de América – lusa por um processo lento e gradual de povoamento, em que se formaram núcleos populacionais esparsos na grande extensão territorial que é o Brasil. A geopolítica expansionista portuguesa iniciada no

---

[340] TORRES, João Camilo Oliveira. *A Formação do Federalismo no Brasil*. São Paulo: Brasiliana, 1961, *passim*.

[341] DOLHNIKOFF, Miriam. *O Pacto Imperial*: origens do federalismo no Brasil do século XIX. São Paulo: Globo, 2005.

[342] CORREA DE MELLO, José. *A federação e o Império: uma análise da forma de Estado no Brasil-Império*. Porto Alegre: Biblioteca da Faculdade de Direito, UFRGS, [s.d.]; ALVES BEZERRA, Marco Antonio. *O Estado Federal e o Federalismo no Império*. Porto Alegre: Biblioteca da Faculdade de Direito, UFRGS, [s.d.]

[343] SOUZA JUNIOR, Cezar Saldanha. Estudo Introdutório: Em Torno do Sentido do Federalimo. In: SOUZA JUNIOR, Cezar Saldanha; ÁVILA, Marta (Coord.) *Direito do Estado*: estudos sobre federalismo. Porto Alegre: Dora Luzzatto, 2007, parte 8.

[344] O Brasil tem vivido a perplexidade de o provisório virar permanente e do permanente virar provisório.

Brasil acompanhou, como natural, o curso dos rios,[345] se *irradiando* pelo povoamento do interior através das Capitanias Hereditárias.

As capitanias foram sendo formadas e reafirmadas a partir de ciclos econômicos (açúcar, ouro, café, pecuária); verdadeira conformação do território às exigências de cada região. Somavam-se a tal peculiaridade territorial as diferenças dos grupos de povoamento, as etnias e as próprias populações autóctones aqui existentes. Todos estes fatores delimitavam um federalismo sócio-histórico ou político-natural, colocando em destaque os interesses e as peculiaridades regionais.

A dificuldade de comunicação das províncias reforçava a variedade cultural, fator este que se dava **tanto** pelos *obstáculos naturais* da geografia brasileira, como a serra do Mar, a mata virgem, a falta de estradas; **quanto** *pelas mãos do Homem*, como no caso da proibição das comunicações entre Minas Gerais e o Espírito Santo, temendo-se o descaminho do ouro extraído.[346] A comunicação por terra era difícil e a variedade existente dava ao Brasil, segundo Oliveira Torres, a feição de um *arquipélago de culturas*.[347]

Retirante essa diversidade existente no Brasil português não faltaram vozes que pregavam o desmembramento das províncias. O primeiro grito viria do além-mar das cortes de Lisboa que nutriam um ódio não somente pelo Brasil, como também a D. João VI. Queriam anular a elevação do Brasil a reino, como destruí-lo fisicamente, dividindo-o em governos autônomos. O que desconsideravam os portugueses é que o Brasil já era uma nação rica, forte, inteligente e bem estruturada.[348]

As três províncias do centro – Rio, São Paulo e Minas – reuniram-se em torno do Príncipe Regente, ao passo que as outras províncias, mais especificamente as do norte, contrárias à União com o governo do Rio, eram simpáticas a aceitar a autoridade de Lisboa. Mas o Rio serviu de base para reconquistar o resto do país e a Independência do Brasil ocorrida no ano de 1822, por iniciativa de D. Pedro I, foi proclamada não na província do Rio de Janeiro o que pareceria lógico, mas sim na província de São Paulo. A estratégia política de Independência engendrada por D. Pedro I e a consequente proclamação na província de São Paulo demonstra a inteligência política de um verdadeiro estadista que precisava do apoio das Províncias para o novo projeto de construção nacional.[349]

---

[345] Ver SOUZA JUNIOR, Cezar Saldanha. Estudo Introdutório: Em Torno do Sentido do Federalimo. In: SOUZA JUNIOR, Cezar Saldanha; ÁVILA, Marta (Coord.). *Direito do Estado:* estudos sobre federalismo. Porto Alegre: Dora Luzzatto, 2007, p. 30.

[346] TORRES, J. C. O. *A Formação...*, p. 86.

[347] Ibid., p. 87.

[348] Cf. Ibid., p. 12-13.

[349] Cf. Ibid., p. 12-13.

A Proclamação da Independência do Brasil pode ser lida como a União das Províncias do Brasil em torno do Príncipe D. Pedro I.[350] Tal fato sociológico transcende a estrutura jurídica unitária existente no Império, "que se revelava em muitos movimentos e aspirações que se diziam 'federais', e cuja raiz última, perfeitamente visível, era o reconhecimento de que havia uma vocação própria nas províncias com nítidas aspirações ao ar e à luz".[351] Este aspecto sociológico seria posteriormente deduzido em texto legislativo no artigo segundo da Constituição do Império, que expressava reconhecimento jurídico pleno às províncias: "o territórios é dividido em Províncias na forma em que atualmente se acha [...]".

O Ato Adicional de 1834 foi o ponto culminante dos anseios federalistas. A luta política por reformas liberais foi iniciada pelas elites províncias, que exigiam liberdades "federalistas", ou em outras palavras: a política que reconhecesse maior autonomia às regiões. As discussões federalistas foram objeto de profícuos debates já na Constituinte do Império, tendo tal tese (já sabemos), saído perdedora.

Apesar da derrota da 'tese federalista' na Constituição do Império de 1824 uma leitura mais atenta do texto nos revela uma Constituição simpática a tal tese. O próprio artigo primeiro da Carta Imperial deixa escapar sim, a palavra *federação*, na base de um Estado Unitário.[352] Na verdade, o que não admite o texto constitucional é o laço ou união do Brasil com outra nação, resultando de tal união a quebra da sua independência. Nos termos do referido artigo admite-se, sem violar a Constituição, o reconhecimento de uma federação. O que não é admitido é que esta federação viole a nação livre e independente.

Mas fato foi que o projeto federalista dos liberais votado na Câmara dos Deputados falava em 'Monarquia Federativa', dando, segundo Marcelo Caetano, uma satisfação, mesmo que parcial, aos desejos dos liberais. Reafirmou o jurista português, vivendo no Brasil, a nossa tese aqui levantada, quando da análise do Ato Adicional de 1834, que pela riqueza de detalhes, transcrevemos:

> [...] As Províncias ganharam autonomia. Em cada uma passou a ser eleita a Assembléia Legislativa pelo mesmo modo por que fossem sufragados os Deputados da Nação. [...]

---

[350] Ver SOUZA JUNIOR, Cezar Saldanha. Estudo Introdutório: Em Torno do Sentido do Federalimo. In: SOUZA JUNIOR, Cezar Saldanha; ÁVILA, Marta (Coord.) *Direito do Estado*: estudos sobre federalismo. Porto Alegre: Dora Luzzatto, 2007, p. 31.

[351] TORRES, J. C. O. *A Formação...*, p. 13.

[352] O IMPÉRIO do Brazil é associação Política de todos os Cidadãos Brazileiros. Elles formam uma Nação livre, e independente, que não admite com qualquer outra laço algum de união, ou **federação**, que se opponha à sua Independência. (**negrito nosso**) (CAMPANHOLE, CAMPANHOLE, *Tôdas...*)

> Fez-se a divisão das matérias entre a competência legislativa da Assembléia Geral e a das Assembléias Provinciais que votavam as suas leis locais, sujeitas à sanção do Presidente da Província. [...]
> O movimento em prol da maior autonomia provincial e mesmo da federação adquire novo vigor por volta de 1870. A idéia de uma 'Monarquia Federativa', é defendida em 1868 por SILVEIRA MARTINS. Em 1870 é publicado o livro de AURELIANO TAVARES BASTOS, intitulado *A Província – Estudo sobre a descentralização no Brasil*, preconizando a eleição dos presidentes das Províncias, maior autonomia destas, a criação da Justiça Provincial, e mais repartição de rendas para que os órgãos provinciais pudessem fazer face aos novos encargos.[353]

O título que Marcelo Caetano dá ao ponto de onde extraímos tal trecho foi *A ideia federalista no Império*. Não há por parte do jurista português a afirmação categórica, como estamos fazendo, da existência efetiva da federação nas bases de um Estado Monárquico, mas podemos afirmar que, se ele não se posicionava neste sentido, era simpático a tal tese.

Mas em realidade, abstraindo o nominalismo aqui tão fortemente combatido, foi o que de fato ocorreu no Brasil Império. O Ato Adicional, na esteira da interpretação do artigo primeiro da Constituição do Império não violou a nação brasileira livre e independente, mas apenas descentralizou competências, deu maior autonomia às províncias, o artigo 71, por exemplo, reconheceu e garantiu o direito dos cidadãos intervirem nos negócios da província a que estão vinculados. E mais, as províncias passaram a ter Assembleias Legislativas Provinciais, respeitando o mesmo processo de eleição da Assembleia Geral Legislativa do Império. Enfim, o rol de competências descentralizadas às províncias era tão expressivo, que o federalismo era impossível de ser negado. Temos que dar razão à conclusão inteligente de um jurista clássico do pensamento político brasileiro: **a verdadeira realidade sem o nome**.[354]

30.5. O nome sem a realidade: o federalismo no Brasil de hoje

Se o Império do Brasil **foi** a verdadeira realidade sem o nome, o federalismo da Constituição de 1988 **é** o verdadeiro nome sem a realidade. Se observarmos nosso texto constitucional, abstraindo o nominalismo ainda existente, chegaremos à conclusão de estarmos **mais** próximos a um Estado Unitário Centralizado, ou quem sabe a um Estado Unitário com pouca Descentralização ao poder local, do que a forma federativa de Estado.

---

[353] CAETANO, Marcelo. *Direito Constitucional*. Rio de Janeiro: Forense, 1978, v. 2, p. 45-46.
[354] TORRES, J. C. O. *A Formação...*, p. 13

Cabe perguntar qual o papel dos Estados no Brasil? Eles realmente possuem a autonomia e a competência desejada? Estes Estados-Membros exercem funções dignas de um verdadeiro Estado federal alemão, norte--americano, ou canadense? Ou são simplesmente um castelo de areia no ar da imaginação de um federalismo descentralizado?

O texto Constitucional de hoje parece corroborar nossa tese. As competências dos Estados podem ser contadas nos dedos de uma mão, como se diz na linguagem comum. O Título III, que trata da organização da forma do Estado (arts. 18 a 43) atribui praticamente todas as competências à União e aos Municípios, reservando, remanescendo, restando ao Estado apenas as competências que não lhes sejam vedadas por esta Constituição. Retirando a competência expressa para instituir seus impostos (art. 155), e a exploração do gás canalizado (art. 24, § 2º) mais nada é de competência dos Estados.

O federalismo brasileiro reserva aos Estados o que não lhe for vedado. O problema está exatamente neste ponto. O rol de competências da União é tão extenso (arts. 21, 22, 153), e a ampliação das competências dos Municípios é hoje de considerável extensão (arts. 30 e 156) que praticamente nada resta, sobra, remanesce, ou fica de resíduo ao Estado.

Ademais, no âmbito da legislação concorrente (artigo 24 e seus parágrafos) a União não fica restrita apenas ao estabelecimento de *normas gerais*. Bem pelo contrário, tal mecanismo federativo vem sendo utilizado mais no sentido de ampliar a competência da União, do que estabelecer normas gerais para posterior aplicação de normas especiais dos Estados. As normas gerais, em verdade, retiram competências dos Estados. Estes mecanismos que deveriam ser *cooperativos* não passam de um controle por parte da União das políticas sociais, duplicando a maquina administrativa do Estado.

No que diz respeito à *competição* ela é praticamente inexistente. Não existem mecanismos de competição entre os Estados, tendo em vista a anulação destes mecanismos por parte da União. A pretendida *simetria* a ser observada pelos Estados é ditada pelo poder central, a própria União. Esta uniformidade orgânica no tratamento dos Estados é atitude por demais *antifederativa*.[355] O poder de auto-organização, de autodeterminação, de concorrência entre os Estados que deveria ser estimulado é fortemente vilipendiado na arquitetura constitucional brasileira.

A federação vem sendo utilizada como uma espécie de poder político eleitoral. As campanhas presidenciais derivam, em maior parte, do

---

[355] Neste sentido, ver: SOUZA JUNIOR, Cezar Saldanha. Estudo Introdutório: Em Torno do Sentido do Federalismo. In: SOUZA JUNIOR, Cezar Saldanha; ÁVILA, Marta (Coord.) *Direito do Estado:* estudos sobre federalismo. Porto Alegre: Dora Luzzatto, 2007, p. 24.

sucesso dos governos Estaduais dos Estados mais expressivos da federação. Uma verdadeira sustentação política eleitoral clientelista no plano estadual, definindo os nomes e as prévias das eleições à Presidência da República.

O modelo de federalismo brasileiro que pretendia ser um misto de federalismo cooperativo e federalismo dual (competitivo) acaba, na prática, engessando tanto os mecanismos de competição, quanto os mecanismos de cooperação entre os Estados. O que se pretendia federalizar com a Constituição da República Federativa do Brasil de 1988 acabou, em verdade, se unitarizando, ou descentralizando aos municípios: **O verdadeiro nome sem a realidade.**

Referências

AJA, Eliseo. *El Estado Autonómico:* federalismo y hechos diferenciales. 2. ed. Madrid: Alianza, 2003.

ALEXY, Robert. *Teoría de los derechos fondamentales.* Madrid: Centro de Estúdios Políticos e Constitucionais, 2001.

ALTHUSIUS, Johannes. *Política.* Tradução de Joubert de Oliveira Brízida. Rio de Janeiro: Topbooks, 2003.

ALVES BEZERRA, Marco Antonio. *O Estado Federal e o Federalismo no Império.* Porto Alegre: Biblioteca da Faculdade de Direito, UFRGS, [s.d.].

AQUINO, Tomás de. *Suma Teológica.* Madrid: Moya y Plaza, 1880.

ARENDT, Hannah. *A Condição Humana.* 10. ed. Rio de Janeiro: Forense Universitária, 2001.

——. *Entre o Passado e o Futuro.* São Paulo: Perspectiva, [s.d.].

ARISTÓTELES. *Ética a Nicômaco.* Tradução de Mario da Gama Kury. 4. ed. Brasília: UnB, 2001.

——. *Política.* São Paulo: Martins Claret, 2003.

ARON, Raymond. *As Etapas do Pensamento Sociológico.* Tradução de Sérgio Bath. São Paulo: Martins Fontes, 2003.

ATALIBA, Geraldo. *Constituição e Constituinte:* regime federativo. São Paulo: Revista dos Tribunais, 1987.

ÁVILA, Humberto. *Teoria dos Princípios:* da definição à aplicação dos princípios jurídicos. São Paulo: Malheiros Editores, 2004.

BANDEIRA DE MELLO, Oswaldo Aranha. *Natureza Jurídica do Estado Federal.* São Paulo: Revista dos Tribunais. 1937.

BARACHO, José Alfredo de Oliveira. *O princípio de subsidiariedade:* conceito e evolução. Rio de Janeiro: Forense, 1996.

——. *Teoria Geral do Direito Constitucional Comum Europeu.* Disponível em: <http://www.juridicas.unam.mx/publica/ver/ccont/8/ard/ard4.htm> Acesso em: 20 jan. 2008.

——. *Teoria Geral do Federalismo.* Rio de Janeiro: Forense, 1986.

BARBOSA, Rui. *Obras completas.* Rio de Janeiro: Ministério da Educação e Saúde, 1946. v. 18, t. 1.

BARROSO, Luis Roberto. *Direito Constitucional Brasileiro:* o problema da federação. Rio de Janeiro: Forense, 1982.

BARZOTTO, Luis Fernando. Justiça Social: Gênese, Estrutura e Aplicação de um Conceito. *Revista do Ministério Público do Rio Grande do Sul,* Porto Alegre, p. 19-21, 2003.

——. *O Positivismo Jurídico Contemporâneo:* uma introdução a Kelsen, Ross e Hart. São Leopoldo: UNISINOS, 1999.

BECCARIA, Cezare. *Dos Delitos e das Penas.* São Paulo: Martin Claret, 2007.

BELLO, Paul. *Lo Humano:* introducción al personalismo cristiano. Caracas: IFEDEC, 1987.

BERCOVICI, Gilberto. *Dilemas do Estado Federal Brasileiro.* Porto Alegre: Livraria do Advogado, 2004.

BERGER, Gaston. *Le Fédéralisme:* introduction psychologique et philosophique aux problèmes du fédéralisme. Paris: Presses Universitaires de France, 1956.

BONAVIDES, Paulo. *Teoria do Estado.* 5. ed. São Paulo: Malheiros, 2004.

BURDEAU, Georges. *Le Libéralisme.* Paris: Éditions du Seuil, 1979.

CAETANO, Marcelo. *Direito Constitucional.* Rio de Janeiro: Forense, 1978. v. 2.

CALMON, Pedro. *Curso de Direito Constitucional.* 3. ed. São Paulo: Freitas Bastos: 1954.

CAMPANHOLE, Hilton Lobo; CAMPANHOLE, Adriano. *Tôdas as Constituições do Brasil.* São Paulo: Atlas, 1971.

CARNEY, F. S. *Política de Johannes Althusius.* Rio de Janeiro: Topbooks, 2003.

CARRÉ DE MALBERG, Raymond. *Teoría General del Estado.* México: Fondo de Cultura Económica, 1998.

CHEVALLIER. J. J. *Le Fédéralisme:* le fédéralisme de Proudhon et de ses disciples. Paris: Presses Universitaires de France, 1956.

CHINOY, Ely. *Sociedade:* uma introdução à sociologia. São Paulo: Cultrix, 1973.

CONFORD, Francisco Mac'Donald. *Antes e depois de Sócrates.* Tradução de Valter Lellis Siqueira. São Paulo: Martins Fontes, 2001.

CONSTANT, Benjamin. *Écrits Politiques:* principes de politique – applicables à tous les gouvernements representatives et particulièrement à la constitution actuelle de la France. Paris: Folio Essais, [s.d.].

——. *Escritos Políticos.* Tradução de Eduardo Brandão. São Paulo: Martins Fontes, 2005.

——. *Princípios de Política Aplicáveis a Todos os Governos.* Tradução de Joubert de Oliveira Brízida. Rio de Janeiro: Topbooks, 2007.

CORREA DE MELLO, José. *A federação e o Império: uma análise da forma de Estado no Brasil – Império.* Porto Alegre: Biblioteca da Faculdade de Direito, UFRGS, [s.d.].

CORWIN, Edward S. *A Constituição Norte-Americana e seu Significado Atual.* Rio de Janeiro: Zahar, 1959.

——. *The Government of the United States of America:* analysis and interpretation, 1950.

CROISAT, Maurice. *Le fédéralisme dans les démocraties contemporaines.* Paris: Montchrestien, 1992.

DE SANCTIS, Antonio, Frei. *Encíclicas e documentos sociais da Rerum Novarum à Octagesima Adveniens.* São Paulo: LTr, 1991. v. 1.

DEL VECCHIO, George. *Filosofia del Derecho.* Barcelona: Bosch, 1974.

DOLHNIKOFF, Miriam. *O Pacto Imperial:* origens do federalismo no Brasil do século XIX. São Paulo: Globo, 2005.

DUQUE, Marcelo Schenk. O Federalismo Alemão e a Reforma de 2006. In: SOUZA JUNIOR, Cezar Saldanha; ÁVILA, Marta (Coord.) *Direito do Estado:* estudos sobre federalismo. Porto Alegre: Dora Luzzatto, 2007.

DURAND, Charles. *Confédération D'États et États Fédéral.* Paris: Librairie Marcel Rivière, 1955.

EHRLICH, Eugen. *Fundamentos da Sociologia do Direito.* Brasília: UnB, 1986.

ELAZAR, D. J. *Política de Johannes Althusius.* Rio de Janeiro: Topbooks, 2003.

ELLWEIN, Thomas. Federalismo e autonomia administrativa: unidade para fora, diversidade para dentro. Um grande triunfo da história alemã. *Revista Deutschland.* São Paulo, n. 2, abr. 1996.

FERREIRA FILHO, Manoel Gonçalves. *Direitos Humanos Fundamentais.* 9. ed. São Paulo: Saraiva, 2007.

——. *Manual de Direito Constitucional.* São Paulo: Saraiva, 2007.

FREUND, Julien. *L'essence du politique.* Paris: Sirey, 1965.

——. *Qu'est-ce que la politique?* Paris: Sirey, 1965.

FRIEDRICH, Carl J. *Teoría Constitucional federal y propuestas emergentes.* In: PRACTICA del Federalismo. Buenos Aires: Editorial Bibliográfica Argentina, 1959.

GALVAO QUIRINO. Célia N. *Escritos Políticos de Constant:* edição, introdução e notas à edição brasileira. São Paulo: Martins Fontes, 2005.

GARCIA, Alberto Barena. *El Federalismo en Suiza.* Madrid: Coleccion Instituciones Politicas, 1970.

GIDDENS, Anthony. *Sociologia.* Porto Alegre: Artmed, 2005.

GONELLA, Guido. *Bases de Uma Ordem Social.* Petrópolis: Vozes, 1947.

GONZALEZ NAVARRO, Francisco. *España, Nación de Naciones:* el moderno federalismo. Pamplona: Ediciones Universidad de Navarra, 1993.

GOYARD-FABRE, Simone. *Os Princípios Filosóficos do Direito Político Moderno.* Tradução Irene A. Paternot. São Paulo: Martins Fontes, 2002.

GREAVES, H. R. G. *Fundamentos da Teoria Política.* Tradução de Ruy Jungmann. Rio de Janeiro: Zahar, 1969.

GRIMM, Dieter. *Verfassungsrechtliche Anmerkungen zum Thema Prävention.* In: DIE ZUKUNFT der Verfassung. Frankfurt am Main: Suhrkamp, 1991.

HALL. Kermit L. *The Oxford Guide to United States Supreme Court Decisions.* New York: Oxford University, 1999.

HAMILTON, A., MADISON, J., JAY, J. *The Federalist Papers.* New York: Signet Classic, 2003.

HELLER, Hermann. *Teoria do Estado.* São Paulo: Mestre Jou, 1968.

HITCHENS, Christopher. *Os Direitos do Homem de Thomas Paine:* uma biografia. Tradução de Sérgio Lopes. Rio de Janeiro: Jorge Zahar, 2007.

HOBBES, Thomas. *Do Cidadão.* Tradução de Renato Janine Ribeiro. São Paulo: Martins Fontes, 1998.

HOLTZENDORFF, Franz Von. *Princípios de Política:* introdução ao estudo scientifico das questões políticas da actualidade. Tradução da 2ª ed. Alemã pelo Dr. A. H. de Souza Bandeira. Rio de Janeiro: LAEMMERT, 1885.

JACQUES, Paulino. *Curso de Direito Constitucional.* 10. ed. Rio de Janeiro: Forense, 1987.

JELLINEK, Georg. *La dottrina Generale del Dirito Dello Stato.* Milano: Giuffrè, 1949.

——. *Teoría General del Estado.* Tradução de Fernando de Los Rios. Buenos Aires: Albatros. 1954.

JHERING, Rudolf Von. *A Evolução do Direito.* Salvador da Bahia: Progresso, 1950.

——. *A Lucta pelo Direito.* Tradução de José Tavares Bastos. Rio de Janeiro: Livraria Chardron, 1910.

JOSÉ SOLAZÁBAL, Juan. *Nación y Constitución:* soberanía y autonomía en la forma política española. Madri: Biblioteca Nueva, 2004.

KAUFMANN, Arthur. *Derecho, Moral e Historicidad.* Tradução de Emilio Eiranova Encinas. Madrid: Marcial Pons, 2000.

KELSEN, Hans. *O Problema da Justiça*. Tradução de João Baptista Machado, São Paulo: Martins Fontes, 1998.

———. *Teoría General del Estado*. 15. ed. México: [s.n.], 1979.

KESLER, Charles R. *The Federalist Papers de HAMILTON, A., MADISON, J., JAY, J.*: Introdução à edição Americana. New York: Signet Classic, 2003.

KRADER, Lawrence. *A Formação do Estado*. Tradução de Regina Lúcia M. Morel. Rio de Janeiro: Zahar, 1970.

LA PERGOLA, Antonio. *Los nuevos senderos del federalismo*. Madrid: Centro de Estudios Constitucionales, 1994.

LAMAS, Felix Adolfo. *La Concordia Politica:* vinculo unitivo del estado y parte de la justicia concreta. Buenos Aires: Abeledo-Perrot, 1973.

LARENZ, Karl. *Metodologia da Ciência do Direito*. 4. ed. Tradução de José Lamego, Lisboa: Fundação Calouste Gulbenkian, 2005.

LASKÍN, Bora. *Canadian Constitutional Law*. Toronto: Carswell, 1960.

LIPSET, Seymour Martin. *A sociedade Americana:* uma análise histórica e comparada. Tradução de Mário Salviano. Rio de Janeiro: Zahar, 1966.

———. *El excepcionalismo norteamericano:* uma espada de dos filos. Tradução de Mônica Utrilla. México: Fondo de Cultura Económica, 2000.

———. *Por que não houve socialismo na América?* Tradução de Mario Correia e Victor Antunes. Lisboa: Quetzal, 2001.

———. *Revolution and Counterrevolution*: change and persistence in social structures. New York: Anchor Books, 1970.

LOEWENSTEIN, Karl. *Teoría de la Constitucion*. Tradução de Alfredo Gallego Anabinarte. 2. ed. Barcelona: Ariel, 1976.

LOPEZ, Jose Sanchez. *Evolucion Historica del Federalismo Americano*. Granada: Universidad de Granada,1985.

MACHADO HORTA, Raul. *A Autonomia do Estado-Membro no Direito Constitucional Brasileiro*. Belo Horizonte: [s.n.], 1964.

———. *Direito Constitucional*. Belo Horizonte: Malheiros, 2003.

MACINTYRE, Alasdair. *Justiça de quem? Qual racionalidade?* 2. ed. São Paulo: Loyola, 2001.

MAQUIAVEL, Nicolau. *O Príncipe*. São Paulo: Martin Claret, 2003.

MARITAIN, Jacques. *Cristianismo e Democracia*. Tradução de Alceu Amoroso Lima. 2. ed. Rio de Janeiro: Agir, 1945.

MATHIOT, André. *El federalismo en Estados Unidos*. Paris: Presses Universitaires de France, 1956.

MCCULLOUGH, David. *1776*. New York: Simon & Schuster, 2006.

MELLO, José Luiz de Anhaia. *O Estado Federal e suas Novas Perspectivas*. São Paulo: Max Limonad, 1960.

MENEZES DE AMEIDA, Fernanda Diaz. *Competências na Constituição de 1988*. São Paulo: Atlas, 2000.

MICHAELIS. *Moderno dicionário da língua portuguesa*. São Paulo: Companhia Melhoramentos, 1998.

MILANO, Andréa. *Persona in Teologia:* alle origini del significato di persona nel cristianesimo antico. Roma: Dehoniane, 1996.

MIRANDA, Jorge. *Manual de Direito Constitucional*. 3. ed. Coimbra: Coimbra, 1991. v. 2.

———. ———. 5. ed. Coimbra: Coimbra, 2004. v. 3.

———. ———. 6. ed. Coimbra: Coimbra, 1997. v. 1.

MISSES, Ludwig Von. *Liberalismo:* segundo a tradição clássica. Tradução de Haydn Coutinho Pimenta. Rio de Janeiro: 1987.

MONCADA, L. Cabral de. *Problemas de Filosofia Política.* Coimbra: Armenio Amado Ed., 1963.

MONTESQUIEU. *O espírito das leis.* Apresentação Renato Janine Ribeiro; tradução Cristina Murachco. 3. ed. São Paulo: Martins Fontes, 2005.

MOUROIS, André. *História de los Estados Unidos.* Tradução de F. Oliver Brachfeld. Barcelona: Editorial Lara, 1945.

MUNRO, Willian Bennett. *The Constitution of the United States:* a Brief and General Commentary. New York: Macmillan, 1947.

NISBET, Robert *Os filósofos sociais.* Tradução de Yvette Vieira Pinto de Almeida. Brasília: Editora Universidade de Brasília, 1982.

NUNES, José de Castro. *Do Estado Federado e sua Organização Municipal.* Rio de Janeiro: Leite Ribeiro & Maurillo, 1920.

OLIVEIRA TORRES, João Camilo de. *A Formação do Federalismo no Brasil.* São Paulo: Brasiliana, 1961.

ORTEGA Y GASSET, José. *A rebelião das massas.* 2. ed. Tradução de Marylene Pinto Michael. São Paulo: Martins Fontes, 2002.

PAINE, Thomas. *Direitos do Homem.* Tradução de Edson Bini. São Paulo: EDIPRO, 2005.

PLATÃO. *As Leis.* [s.n.t.]

PONTIFÍCIO CONSELHO "JUSTIÇA E PAZ". *Compêndio da doutrina social da Igreja.* Tradução da Conferência Nacional dos Bispos do Brasil. São Paulo: Paulinas, 2005.

PRÉLOT, Marcel. *Instituições politiques et droit constitutionnel.* Paris: [s.n.], 1969.

PROUDHON, Pierre-Joseph. *Du Principe Fédératif et de la Nécessité de Reconstituer le Parti de la Révolution.* Paris: Librairie Internationale, 1868.

QUILES, Ismael. *La persona humana.* 4. ed. Buenos Aires: Depalma, 1980.

RAMOS, Dirceu Torrecillas. *A federalização das novas comunidades:* a questão da soberania. Rio de Janeiro: Forense, 2004.

REALE, Miguel. *Teoria Tridimensional do Direito.* São Paulo: Saraiva, 1994.

REHBINDER, Manfred. *Sociologia del Derecho.* Madrid: Pirâmide, [s.d.]

REVEL, Jean-François. *A Obsessão Anti-americana.* Tradução de Victor Antunes. Lisboa: Bertrand, 2003.

REVERBEL, Carlos Eduardo Dieder. Federalismo, Descentralização e Subsidiariedade. In: SOUZA JUNIOR, Cezar Saldanha; ÁVILA, Marta (Coord.) *Estudos sobre Federalismo*: federalismo descentralização e subsidiariedade. Porto Alegre: Dora Luzzatto, 2007.

ROMERO, Silvio. *Ensaio de Filosofia do Direito.* São Paulo: Landy, 2001.

ROUSSEAU, Jean-Jacques. *Considerações sobre o governo da Polônia e sua reforma projetada.* Tradução de Luiz Roberto Salinas Fortes. São Paulo: Brasiliense, 1982.

ROUSSEAU, Jean-Jacques. *Discourse on the Origin of Inequality.* Tradução de Donald A. Cress. Cambridge: Hackett, 1992.

ROVIRA, Enoch Alberti. *Federalismo y Cooperacion en la Republica Federal Alemana.* Madrid: Centro de Estúdios Constitucionales, 1986.

RUIPÉREZ, Javier. *La Protección Constitucional de la Autonomia.* Madrid: Tecnos, 2002.

SABINE, George H. *História das Teorias Políticas.* São Paulo: Fundo de Cultura, 1964. v. 1.

SALINAS FORTES, Luis Roberto. *Apresentação e nota preliminar às Considerações sobre o Governo da Polônia e Sua Reforma Projetada*. São Paulo: Brasiliense, 1982.

SANTIAGO, Myrian Passos. *Pacto Federativo:* o modelo federal dos Estados Unidos da América e suas Mutações. Belo Horizonte: Mandamentos, 2000.

SCELLE, Georges. *Droit International Public*. Paris: Domat-Montchrestien, 1944.

SCHELER, Max. *El puesto del hombre en el cosmos*. Madrid, 1936.

SCHWARTZ, Bernard. *Direito Constitucional Americano*. Tradução de Carlos Nayfeld. São Paulo: Forense, 1966.

──. *O Federalismo Norte-Americano Atual*. Forense Universitária, 1984.

SIERRA BRAVO, Restituto. *La persona humana en el magisterio social de Pio XII*. Madrid: Aguilar, 1960.

SILVEIRA, Cláudia M. Toledo da. *O Estado Federal Alemão*. In: MAGALHÃES, José Luiz Quadros de (Coord.). *Pacto Federativo*. Belo Horizonte: Mandamentos, 2000.

SOLBERG, Wiston U. *The Federal Convention and the Formation of the Union of the American States*. Indianapolis: Bobbs-Merrill, 1958.

SOUZA JUNIOR, Cezar Saldanha. *Aulas de Teoria de Direito Público do Curso de Pós-graduação em Direito da Universidade Federal do Rio Grande do Sul*, 1.º semestre de 2006.

──. *A Crise da Democracia no Brasil*. Rio de Janeiro: Forense, 1978.

──. *Consenso e Constitucionalismo no Brasil*. Porto Alegre: Sagra Luzzatto, 2002;

──. *Consenso e Tipos de Estado no Ocidente*. Porto Alegre: Sagra Luzzatto, 2002.

──. *Constituições do Brasil*. Porto Alegre: Sagra Luzzatto, 2002.

──. Direito Constitucional, Direito Ordinário, Direito Judiciário. *Cadernos do Programa de Pós-Graduação em Direito da Universidade Federal do Rio Grande do Sul*, Porto Alegre, p. 7-18, mar. 2005.

──. *A supremacia do Direito no Estado e seus Modelos Básicos*. Porto Alegre: [s.n.], 2002.

──. *O tribunal Constitucional como Poder:* uma nova teoria da divisão dos poderes. São Paulo: Memória Jurídica, 2002.

──. Estudo Introdutório: Em Torno do Sentido do Federalismo. In: SOUZA JUNIOR, Cezar Saldanha; ÁVILA, Marta (Coord.) *Direito do Estado:* estudos sobre federalismo. Porto Alegre: Dora Luzzatto, 2007.

SPAEMANN, Robert. *Personas Acerca de la Distinción Entre "Algo" y "Alguien"*. Tradução e estudo introdutório de José Luis del Barco. Navarra: Universidade de Navarra, 2000.

STERN, Klaus. *Derecho del Estado de la Republica Federal Alemana*. Madrid: Centro de Estúdios Constitucionales, 1987.

TEJADA SPÍNOLA, Francisco Elias de. *Introducción al Estudio de la Ontologia*. Madrid: Ibarra, 1492.

TEMER, Michel. *Elementos de Direito Constitucional*. 14. ed. São Paulo: Malheiros, 1998.

TÉNÉKIDÈS, Georges. *Le fédéralisme grec du Ve au IIIe siècles avant J.-C*. Paris: Presses Universitaires de France, 1956.

TOCQUEVILLE, Aléxis de. *A Democracia na América*. Tradução de Eduardo Brandão. São Paulo: Martins Fontes, 1998.

TORRES, João Camilo de Oliveira. *A Formação do Federalismo no Brasil*. São Paulo: Brasiliana, 1961.

──. *A Libertação do Liberalismo*. Rio de Janeiro: Casa do Estudante do Brasil, 1949.

TORRES, Silvia Faber. *O princípio da subsidiariedade no direito público contemporâneo*. Rio de Janeiro: Renovar, 2001.

TOUCHARD, Jean. *Histoire des Idées Politiques:* des origines au XVIIIe siècle. Mayenne: Presses Universitaires de France, 1975.

——. *Histoire des Idées Politiques:* Du XVIIIe siècle à nous jours. Mayenne: Presses Universitaires de France, 1975.

UNGER, Roberto Mangabeira. *O Direito na Sociedade Moderna:* contribuição à crítica da teoria social. Rio de Janeiro: Civilização Brasileira, 1979.

VEDEL, Georges. *Le Federalisme:* les grands courants de la pensée politique et le fédéralisme. Paris: Presses Universitaires de France, 1956.

VILLEY, Michel. *Filosofia do Direito:* definições e fins do direito, Os meios do Direito. Tradução de Márcia Valéria Martinez de Aguiar, São Paulo: Martins Fontes, 2003.

WALDRON, Jeremy. *The Dignity of Legislation.* Cambridge: Cambridge University, 1999.

WATTS, Ronald L. *Sistemas Federales Comparados.* Madrid: Marcial Pons, 2006.

WEBER, Max. *A ética protestante e o espírito do capitalismo.* Tradução de José Marcos Mariani de Macedo. São Paulo: Companhia das Letras, 2004.

WHEARE, K. C. *Federal Governement.* Oxford University, 1964.

WOLFF, Francis. *Aristóteles e a Política.* 2. ed. São Paulo: Discurso Editorial, 1999.

ZIPPELIUS, Reinhold. *Teoria Geral do Estado.* Lisboa: Fundação Calouste Gulbenkian. 1997.